루미의 우화 모음집

국립중앙도서관 출판시도서목록(CIP)

루미의 우화 모음집 : 이슬람 신비주의 시인/
루미 지음 ; 아서 숄리 엮음 ; 이현주 옮김.
—서울 : 아침이슬, 2010
p. ; cm. —(지혜의 우물 ; 3)

영어번역표제 : The Paragon Parrot
원저자명 : Rumi, Arthur Scholey
ISBN 978-89-6429-100-9 03890 : ₩9000

우화(이야기)[寓話]

897.7-KDC4
892.7-DDC21   CIP2010000352

THE PARAGON PARROT

All rights reserved

Copyright ⓒ Arthur Scholey 2002

Korean translation copyright ⓒ Achimysul 2010

This Korean edition was published by arrangement with Duncan Baird Publishers
through Sibylle Books Literary Agency, Seoul.

이 책의 한국어판 저작권은
시빌에이전시를 통해 Duncan Baird Publishers와 독점 계약한 도서출판 아침이슬에 있습니다.
저작권법에 의해 한국 내에서 보호를 받는 저작물이므로 무단전재와 무단복제를 금합니다.

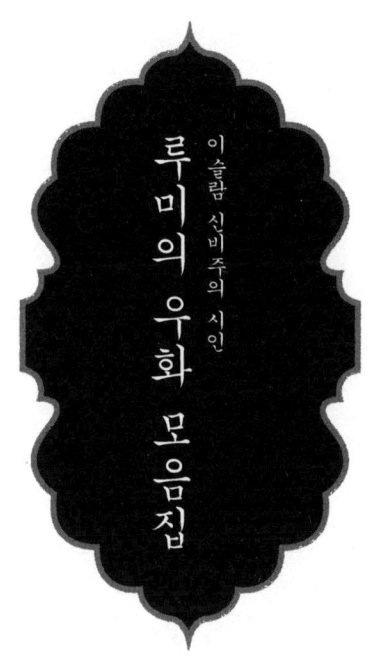

루미의 우화 모음집
이슬람 신비주의 시인

루미 지음
아서 숄리 엮음
이현주 옮김

아침이슬

머리말

"오, 그대가 라일리인가?"

칼리프가 말했다.

"그대가 내 친구 마즈눈으로 하여금 사랑에 빠져서 정신을 잃게 만든 그 미모의 라일리라고? 이해할 수 없군. 내 눈에는 다른 여자들과 별로 다를 바 없는 평범한 용모인데?"

라일리가 대꾸했다.

"하지만, 당신은 마즈눈이 아니잖아요?"

짧은 대화 한 토막이 한숨과 동감과 웃음을 자아낸다. 이 세 사람, 칼리프와 그의 친구와 라일리가 바로 우리들이기 때문이다. 13세기 신비주의 시인 루미의 서사시 모음 '마드나위'는 칠백 년 전 당시 그것이 처음 수집되던 때에 그랬듯이 지금도 사람들을 울고 웃게 만드는 날카로운 통찰과 지혜로 번뜩인다.

여기 얼마쯤 각색하여 모아놓은 이야기들에서 우리는 루미의 에센스를 읽을 수 있다. 대략 2만 구(句)쯤 되는 대련(對聯), 4행시,

그보다 조금 긴 시문들은 지금도 번역 중에 있으며 심오한 지혜와 통찰로 읽는 이에게 즐거움과 매력을 안겨주고 있다. 시인이 자기 친구들, 민담들 그리고 실생활의 경험들에서 얻어낸 이야기들에는 수피의 지혜, 친절, 예절, 솔직함이 스며들어있다. 대개의 비유들이 그렇듯이, 루미의 이야기들은 뜻밖의 반전을 통해 갑작스럽고 엉뚱한 깨달음으로 독자를 데려간다. 어떤 것은 악의 없는 농담으로 껄껄웃음을 웃게 하고 어떤 것은 말 없는 고요함에 젖어 영혼의 한 구석에서 잠잠히 기다리게 한다.

남의 침대에 들어간 나그네가 경험한 당혹스러움, 수도승들이 자기를 대접하기 위해 자기 낙타를 처분한 것을 뒤늦게 안 나그네의 탄식을 함께 느껴보자. 손님의 옷감을 훔쳐내는 재단사의 교활한 속임수와 결국은 어리석고 순진한 희생자에게 하소연하듯이 경고하는 장면을 그려보자. 문신을 해주는 이발소를 지날 때 우리는 사자를 새겨달라고 부탁한 손님이 겁에 질려 내는 신음소리(으이이이구…! 이번엔 어느 부위요? 귀라고? 에이, 그만두시오. 안됐지만 귀머거리 사자로 합시다)를 듣는다.

여기엔 어리석은 마술사, 예절 바른 낙타, 야망에 찬 개미, 교만한 사자를 농락하는 토끼, 고향 친척이 보낸 비밀 메시지를 읽고 새장에서 벗어나는 앵무새 등이 등장한다. 그 밖에도 어리석은 군주와 슬기로운 군주, 착한 하인과 못된 하인이 함께 등장하여 신성한 경구와 수수께끼로 사람들을 어리둥절하게 한다.

그의 시에 심오한 지혜와 철학을 담은 이야기들이 숨어있지만, 루미의 다른 저술인 '강화(The Discourses)'에 따르면, 초기에 자신의 시를 우습게 여기는 경향이 그에게 있었다는 사실이 흥미롭다. 나는 떠오르는 대로 시를 읊었고 친구들은 그것을 좋다고 했고, 그뿐이다. 나는 그것들을 별로 진지하게 생각하지 않거니와 식탁에 앉으려고 손을 씻는 사람보다 더 소중하게 여기지도 않는다. 라고 그는 말했다.

그러나 이런 태도는 삼십 대 후반, 이코니움(지금 터키의 코냐) 자기 집에서 뜨내기 탁발승 샴스 앗딘을 만난 뒤로 바뀌었다. 물론 루미는 그때까지 살아오면서 많은 신비주의자들로부터 영향을 받아왔다. 그의 부친도 저명한 신비주의 신학자였고, 전설에 따르면, 몽골 습격으로 어린 루미가 고향을 떠나게 되었을 때 룸(지금 터키의 아나톨리아, 이 지명에서 그의 이름 '루미'가 유래되었음)으로 가는 길에서 한 저명한 신비주의 서사시인으로부터 축복을 받았다고 한다. 룸에서도 그는 여러 신비주의자들의 영향을 받았고 마침내 부친이 사망하자 스물네 살 나이로 부친의 자리를 물려받아 교사 겸 설교자가 되었다.

하지만 뜨내기 탁발승 샴스는 일반 신비주의자들과 달랐다. 루미는 그에게 깊이 매료되었고 이태 남짓 거의 붙어서 살았다. 그러나 그것은, 덕분에 소외감을 느낀 루미의 아내와 아들들, 친구들, 제자들로부터 시기심과 증오심을 불러일으켰다. 그들 가운데 누구도 뜨내기 탁발승을 좋게 보지 않았다. 하지만 이에 아랑곳하지 않고 둘 사이에는 정서적 인간관계가 갈수록 깊어졌고 신성한 사랑과 아름다움의 계시도 지속되었는데, 어느 날 샴스가 이코니움에서 자취를 감추자 모두 끝장나고 말았다. (루미의 아들에게 살해당했다는 전설이 있다.)

절망한 루미가 다시 일어서면서 발판으로 삼은 것이 바로 시였다. 잃어버린 샴스에 대한 사랑과 동경이 그에게서 시를 봇물처럼 쏟아져 나오게 했고, 그는 그 모든 시편들에 자기 이름 대신 샴스의 이름을 붙였다. 루미가 걷고 얘기하고 설교하고 사색하고 목욕하고 춤추면서 뜬금없이 시를 토해내면 그의 충실한 제자들이 놓치지 않고 받아 적었다.

여기 약간 각색된 형태로 수록된 이야기들을 통해서 독자들은 루미의 심오한 작품 세계에 매력을 느껴 한 걸음 들어가 볼 생각이 들 수도 있을 것이다.

하지만, 어쨌든 간에 이 이야기들을 한입에 마구 삼키지는 말기 바란다. 조금씩, 한 발짝씩, 이야기 속으로 들어가 보시기를……。

| 차례 |

머리말 · 5

1. 경험으로 배우는 것
   영리한 앵무새 · 17   장군! · 19
   사자의 몫 · 21
   그 당나귀는 어떻게 만족하는 법을 배웠나? · 25
   악당을 위한 기도 · 28   거기 누구? · 30

2. 관용과 선물
   칼리프의 보상 · 35   낙타와 생쥐 · 43
   구걸의 규칙 · 46

3. 꾀로 해결한 어려움
   사자와 토끼 · 51   비밀 메시지 · 59
   일 대 삼 · 63

4. 피할 수 없는 운명
   저승사자 아즈라엘 · 71   그게 그러니까…… · 74
   천직 · 76   오디새의 운명 · 77

5. 지혜와 상식
   한 배에 탄 두 사람 · 81   모래 자루 · 83

우리 집으로? · 87　　　　　　　야간 문답 · 88
야망에 찬 개미 · 89　　　　　왕의 행차 · 90
사원 밖에서 · 91　　　　　　　귀신이 무서워 · 94

6. 어리석음
잡힌 새의 세 마디 말 · 97　　사자 문신 · 100
병문안 · 103　　　　　　　　나귀가 사라졌다! · 106
망친 기도 · 110　　　　　　　별로 영리하지 못한 새 · 112
설상가상 · 115　　　　　　　터키인과 재단사 · 117
보물찾기 · 122　　　　　　　흰 수염 · 127

7. 순간의 재치와 앞선 생각
배나무 위에서 · 131　　　　　왜 하필 나? · 134
처음과 나중을 함께 보고 · 136　파수꾼 · 138

8. 현명한 판단
처음 보는 짐승 · 143　　　　　그리스 화가들 · 145
말은 나중에 · 147　　　　　　두 노예 · 150
개미가 아는 만큼 · 154　　　　사랑 노래 · 156
거창한 터번 · 158　　　　　　라일리와 칼리프 · 160

9. 겸손한 자의 지혜
   장난감 말을 탄 성자 · 163   신의 거울 · 166
   세 번째 계단 · 168

10. 드러난 사기
    아야즈와 진주알 · 173   콧수염의 허풍 · 176
    도시 사람과 시골 사람 · 178   하느님의 종 · 183

11. 손님 접대
    고양이와 살코기 · 187   나귀와 하인 · 189
    만일이라는 집 · 193   손님의 환영(幻影) · 194

역자후기 · 196

꿀벌한테서는 꿀을.
말벌한테서는 침을.
하지만 둘 다
같은 꽃에서 나오는 것을!

1

경험으로 배우는 것

영리한 앵무새

 옛날, 채소장수가 살았는데 영리한 앵무새를 한 마리 길렀다. 앵무새는 채소가게 구석에 마련된 걸상에 앉아서 손님들과 농담도 하고 가끔 물건을 팔기도 했다. 어쩌다가 채소장수가 일이 있어 외출할 경우에는 앵무새에게 가게를 맡길 정도였다.

 하루는 마침 가게 주인이 자리를 비운 사이에 앵무새가 이리저리 까불며 날아다니다가 실수로 장미향 기름이 가득 들어 있는 병을 쓰러뜨렸다. 병이 깨지면서 향유가 쏟아졌다.

 외출에서 돌아온 주인이 아까운 향유가 모두 쏟아져 못쓰게 된 것을 알고는, 화가 나서 앵무새를 힘껏 갈겼다. 그 바람에 머리 깃털이 모두 빠져 대머리가 되었다.

가게 주인은 곧 자신의 행동을 뉘우쳤다. 영리한 앵무새는 충격을 받았는지 그만 말을 잃어버렸다. 하루 이틀 지났지만 주인은 그에게서 한 마디 말도 들을 수 없었다.

채소장수가 수염을 깎고 앵무새에게 용서를 빌었다.

"내 이 손목을 잘라버리고 싶구나. 어떻게 너한테 그토록 끔찍한 짓을 했더란 말이냐?"

하지만 앵무새는 계속 침묵을 지켰다. 채소장수는 만나는 모든 사람에게, 앵무새를 다시 말할 수 있게 할 무슨 방법이 없겠느냐고 물어봤지만, 아무도 그 방법을 일러주는 사람이 없었다.

사흘이 지나자 채소장수는 절망에 빠져 자리에서 일어날 줄을 몰랐다. 생각나는 온갖 방법을 다 동원해봤지만 앵무새는 여전히 말이 없었다.

바로 그때, 한 걸인이 넝마를 걸치고 가게 앞을 지나는데 머리가 모두 벗겨진 대머리였다.

그를 본 앵무새가 갑자기 생기를 띠더니 날개를 퍼덕거리며 입을 열었다.

"여보, 대머리 양반! 당신도 기름병 엎질렀소?"

장군?

 장기의 명인 달콱이 왕자와 장기를 두는데, 왕자는 그의 상대가 되지 못했다. 시작한 지 얼마 못 되어 달콱이 의기양양하게 장군을 불렀다.
 "장군!"
 왕자는 화가 치밀어 올랐다. 금으로 만든 장기알을 집어서 달콱의 머리를 겨냥해 마구 던졌다. 불쌍한 달콱이 할 수 있는 일이라고는, 왕자 발치에 몸을 잔뜩 웅크리고 자비를 구걸하는 것이 전부였다.
 "죄송합니다! 죄송합니다!"
 이튿날 왕자가 또 장기를 두자고 했을 때, 달콱의 심정이 어떠했겠는가? 하지만 마다할 수도 없는 일인지라, 두렵고 떨리는 마음으로 장기판 앞에 마주 앉았다.

장기가 조금 진행되는가 싶었는데, 달콱이 자리에서 벌떡 일어나더니 방구석으로 달려가 융단을 걷고는 그 아래로 들어갔다. 왕자가 소리쳤다.

"장기 두다 말고 뭣 하는 거야? 어서 나오지 못해?"

달콱이 융단 밖으로 머리만 내밀고서, 기어들어가는 목소리로 말했다.

"장군!"

사자의 못

"들어오게. 어서 들어오라고."

사자가 굴 입구에서 머뭇거리는 늑대와 여우를 불렀다.

"나한테 무슨 할 말이 있는 모양인데, 들어와서 이야기해보게. 무서워 말고."

늑대가 공손하게 말했다.

"대왕님. 사실은 저희가 드릴 말씀이 있어서요. 이건 그냥 한 가지 제안일 뿐입니다만, 물론 거절하셔도 상관없습니다."

"말해보라니까?"

사자가 부드럽게 말했다. 늑대가 여우를 바라보았다. 여우가 입을 열었다.

"다른 게 아니라, 대왕님께서 저희와 함께… 음… 그러니까 저희와 함께 팀을 이루어서 사냥을 하는 게 어떨까 해서요. 그럴 수만 있다면 우리는 환상의 팀이 될 텐데요."

늑대가 거들었다. "그러면 지금보다 훨씬 많은 짐승들을 쉽게 잡을 것입니다."

사자가 그들을 갸륵하다는 표정으로 노려보면서 한참 생각하더니 이윽고 고개를 끄덕이며 동의했다. 그길로 사자와 늑대와 여우가 사냥에 나섰다.

혹시, 백수의 왕 사자가 늑대나 여우같은 짐승들과 짝을 이룬 것에 대하여 스스로 불쾌한 감정이었으리라고 생각하는 사람 있는가? 당신 생각이 옳았다. 사실 사자에게는 늑대나 여우의 도움 따위 필요치 않았지만, 너그러운 마음으로 양보하여 그들의 제안을 받아들였던 것이다.

'이 친구들이 나와 짝이 된 것을 영광으로 알고 고맙게 생각한다면, 그것으로 충분하지! 좋아!'

그들은 한 시간도 안 되어 들소와 산양과 토끼를 한 마리씩 차례로 잡았다. 그것들을 늑대와 여우가 탐욕스런 눈으로 노려보았고, 그러고 있는 두 짐승을 바라보면서 사자가 생각했다.

'이것들이 감히 나와 먹이를 분배할 작정인 모양인데, 흠. 어디 어떻게 나오는지 두고 보자.'

사자가 늑대에게 웃으면서 말했다.

"자, 그럼 이제 이것들을 어떻게 하면 좋겠는가? 어디, 나이 많은 자네가 먼저 말해보시게."

늑대가 대답했다.

"예, 대왕님. 이 셋 가운데 들소가 가장 큰 짐승이니 마땅히 대왕님께서 차지하십시오. 산양은 들소보다 작고 토끼보다 크니 대왕님보다 작고 여우보다 큰 제가 갖겠습니다. 그러면 나머지 토끼는 자연스레 여우 몫이 되겠네요."

사자가 화를 내어 으르렁거렸다.

"감히 내 앞에서 몫을 나누려 하다니? 괘씸하구나! 백수의 왕인 내 앞에서, 나는 이것을 가질 테니 당신은 저것을 가지라고? 그런 말을 감히 입에 올려? 건방진 놈!"

그러고는 맹렬하게 덤벼들어 늑대의 숨통을 끊어버렸다. 그런 다음, 여우에게 물었다.

"어떠냐? 이제 네 생각을 들어보자."

여우가 벌벌 떨며 땅바닥에 엎드려 말했다.

"대왕님, 살찐 들소는 아침 식사로 드시고 기름진 산양은 점심 식사로 드시고 저녁 식사로는 맛있는 토끼를 드십시오."

사자가 흡족하여 말했다.

"과연 지혜로운 여우로구나. 잘 말했다. 내가 상으로 이것들을 모두 너에게 줄 테니 두고두고 먹도록 하여라. 그런데, 도대체 그런 지혜를 누구한테서 배웠는지, 말해 줄 수 있겠느냐?"

여우가 대답했다.

"늑대한테서 배웠습니다. 대왕님! 늑대가 가르쳐주었어요."

그러면서 속으로 중얼거렸다.

"후유! 늑대한테 먼저 물은 것이 천만다행이군."

그 당나귀는
어떻게 만족하는 법을 배웠나?

 밤낮없이 물통을 나르는 당나귀. 복도 지지리 없는 짐승이다! 태산처럼 무거운 짐을 허리가 휘도록 지고서 마냥 걷는데, 그 길의 끝에서 기다리고 있는 것은 죽음뿐이다.

 보리가 있지 않느냐고? 불쌍한 당나귀는 보리쌀 근처에도 못 가보았다.

 그에게 돌아오는 것은 꺼끌꺼끌한 보릿짚이 전부요 그것도 늘 양이 모자랐다. 그런데도 주인은 툭하면 막대로 등과 엉덩이를 갈겨댔다.

 어느 날, 왕실 마구간을 돌보는 마부가 당나귀를 보고 불쌍한 마음이 들었다. 그는 당나귀 주인과 잘 알고 지내는 사이였다.

"어떻게 저 지경이 되도록 부려먹는단 말인가? 등이 완전히 굽었군."

당나귀 주인이 말했다.

"집안이 워낙 가난해서요. 저 지경이 되었는데도 어떻게 해줄 수가 없네요."

"아무래도 쉬게 해야겠어. 이렇게 하세. 며칠 동안 저 당나귀를 내게 맡기게. 왕실 마구간에 들여놓겠네. 그러면 살도 좀 붙고 힘도 세어질 테지."

당나귀 주인이 좋아하며 그러자고 했다. 이리하여 당나귀는 갑자기 호사스런 왕실 마구간에 들어가 살게 되었다. 기름지고 잘생긴 아라비아 말들이 그를 받아주었다.

날마다 일꾼들이 마구간을 청소했고 때가 되면 어김없이 깨끗한 물과 보릿짚에 보리쌀까지 섞인 여물을 먹었다.

배불리 먹고 빗질까지 받으며 한껏 자세를 뽐내고 서 있는 말들을 보면서 당나귀는 속으로 부르짖었다.

"하느님, 저는 당신의 피조물이 아닌가요? 제가 말이 아니라 당나귀인 것은 사실입니다만, 그것이 밤낮으로 무거운 짐을 나르며 고픈 배와 아픈 상처 때문에 잠도 제대로 못 자야 하는 이유가 되는 겁니까? 제가 몇 번이나 죽고 싶다고 했던가요? 그런데 저 기름지고 행복한 말들을 보십시오. 왜 저만 이토록 아프고 비참하게 살아야 합니까?"

그때, 다급한 나팔소리와 함께 사람들의 외침 소리가 들려왔다.

"전쟁이다! 전쟁이야!"

이내 마구간으로 병사들이 달려왔고, 말들은 안장 위에 병사들을 태우고 달려 나갔다.

그날 밤늦게, 몇 마리 말들이 돌아왔다. 다리가 부러진 말도 있고 등에 박힌 화살을 미처 뽑아내지 못하여 온몸이 피투성이가 된 말도 있었다. 수의사들이 달려와 등에 박힌 화살촉을 뽑아내느라고 애쓰는 동안 말들은 극심한 고통을 참지 못하고 마구 소리를 질러댔다.

그 난장판 속에서 당나귀의 소곤거리는 소리가 들려왔다.

"하느님, 거기 계십니까? 제발, 아까 제가 투덜거리며 불평했던 것들 모두 안 들으신 걸로 해주십시오. 여기 사는 값으로 저토록 심한 고통을 지불해야 한다면, 전에 살던 집으로 기꺼이 돌아가겠습니다."

악당을 위한 기도

설교자가 설교하기 전에 기도를 하는데, 이렇게 하는 것이었다.

"주 하느님, 세상의 흉악한 죄인들에게 복을 내려주십시오. 온갖 악행을 일삼는 자들, 남을 괴롭히고 함부로 법을 어기는 자들, 남의 것을 빼앗고 오히려 큰소리치는 자들, 그들에게 자비를 베푸소서."

회중이 술렁거렸다.

"무슨 기도가 저래? 착하고 순진한 이들을 위해서 기도하기 전에 악당들을 위해서 먼저 기도하다니?"

설교자가 그들의 술렁거리는 소리를 듣고 말했다.

"내가 사악한 자들을 위해서 기도한 것은, 언제나 그들 때문에 은혜의 자리로 나아가게 되기 때문이오. 그들이 나쁜 짓을 하고 불의로 사람들을 짓누를 때 나는 반대쪽으로 달려가서 내가 할 수 있는 모든 선을 행하려고 노력합니다. 내가 세상에서 그들과 맞닥뜨릴 때마다, 그들의 주먹질과 욕설은 나를 하느님의 성소로 돌아가게 하지요. 나로 하여금 참된 길을 걷지 않을 수 없도록 밀어붙이는 것은 그들의 난폭함입니다. 그들이 나의 구원을 위해 저토록 애쓰고 있으니, 그들을 위해서 먼저 기도하는 것은 나의 마땅한 임무 아니겠소?"

거기 누구?

한 남자가 사랑하는 여인의 집 문을 두드렸다.
여인이 안에서 물었다.
"누구요?"
그가 대답했다.
"나요."
안에서 음성이 들렸다.
"가보셔요. 둘이 쓸 만한 방이 없어요."
가련한 남자는 몇 년 동안 이리저리 방랑하다가 다시 여인 집으로 돌아와, 두근거리는 가슴으로 문을 두드렸다.
"누구요?"
"당신이오."

문이 열리고, 사랑하는 여인이 그를 안으로 데리고 들어갔다.

2

관용과 선물

칼리프의 보상

한밤중에 가난한 베두인 마누라가 남편에게 우는 소리를 했다.

"우리만 이렇게 가난하고 고생하며 살아야 하는 이유가 뭐지요? 세상 모든 사람이 행복하게 만족하며 사는데, 우리는 이게 뭐냐고요?"

남편이 들은 척도 하지 않자 마누라가 계속 칭얼거렸다.

"배가 고파서 잠이 안 온다고요! 빵은 한 조각도 없고, 앙심과 질투가 집안에 남은 유일한 소금이고, 수도꼭지 대신 눈에서 물이 흐르고, 낮에는 땡볕 밤에는 달빛이 몸에 걸친 유일한 옷이라니!"

남편이 코 고는 소리를 내자, 마누라가 말했다.

"당신 지금 잠자는 척하고 있는 것 다 알아요. 길거리 거지들도 우리를 보면 불쌍하게 생각할 게요. 친척들뿐 아니라 낯선 사람들조차도 우리를 염병처럼 피하고 있다고요."

마누라가 남편 옆구리를 찔렀다.

"어째서 꿈쩍도 않는 거요? 아, 이래 봤자 내 입만 아프지, 무슨 소용이람!"

남편이 한숨을 쉬며 일어나 아내를 껴안고 말했다.

"제발 여보, 이제 살 만큼 살지 않았소? 재물을 탐하여 허둥거리기보다 조용하게 만족하며 남은 세월 보냅시다."

마누라가 약이 올라 소리쳤다.

"또 그 소리? 이러다가는 아무래도 새나 짐승 신세가 되고 말지. 두고 봐!"

남편이 말했다.

"새와 짐승들이야말로 날마다 아무 걱정 없이 저렇게 잘 살고 있잖소? 꾀꼬리가 일용할 양식을 주시는 하느님께 감사 찬양하는 소리를 들어봐요."

마누라가 침상에서 벌떡 일어나더니, "더 이상 못 참겠어!" 소리를 지르며 밖으로 뛰쳐나갔다. 남편이 따라 나가며 아내를 달랬다.

"여보, 당신의 그 고통이 모두 욕망에서 오는 것이오. 우리 젊었을 때를 생각해봐요. 얼마나 만족하며 살았소? 지금은 온통 금덩이에만 관심이 쏠려있지만 그때에는 당신 자신이 바로 황금이었지! 당신은 풍성한 포도나무였고 그래서 해마다 달콤한 열매를 맺었소. 그러니 이제 그만 불평을 거두시오. 우리 두 사람, 오래 신은 신발처럼 편안해야 할 터인데, 그런데 한 짝이 새로 산 신발처럼 발을 물기 시작하면 나머지 짝도 쓸모가 없지 않겠소?"

이런 식으로 날이 밝기까지 달래보았지만 소용없었다. 아내는 남편의 말을 한 마디도 들으려하지 않았다.

"위선자! 더 이상 당신 말 듣지 않겠어! 성인군자는 당신이나 되라고. 있는 것으로 만족하며 살자? 모두 거짓이야! 모두 쇼라고! 그 따위 헛소리에 더는 안 속아."

남자가 화를 내며 소리쳤다.

"당신은 내가 결혼한 여자가 아니라, 악마요! 나는 가난을 자랑으로 삼고 평생토록 사막에서 살았소. 그동안 당신도 나와 함께 그렇게 살았지. 그런데 이제 와서 왜 이러는 거요? 도대체 뭐가 문제요? 영적인 일에는 더 이상 관심이 없단 말이오? 내 영혼은 이토록 풍요로운데,

그것을 당신한테 나눠주고 싶지만, 도무지 들으려 하지 않으니 참 딱한 일이오!"

이 말에 그의 아내가 눈물을 쏟았다.

"여보, 미안해요. 아무래도 난 당신 아내 될 자격이 없나봐. 당신은 참 좋은 사람이오. 정말이지, 가난은 문제가 아니에요. 이렇게 불만을 털어놓을 때도 내 머리는 재물보다 당신 생각만 한다고요."

그녀의 눈물이 남편을 녹였다. 남자가 말했다.

"화를 내서 미안하오. 여보, 용서해요. 당신은 내 인생의 등불이오. 자, 말해요. 당신이 하라는 대로 옳은지 그른지, 선한지 악한지를 묻지 않고 그대로 하겠소. 당신을 사랑하오. 그 사랑이, 당신이 바라는 것 말고 아무것도 보이지 않게 해줄 것이오. 당신이 하라는 대로 하겠소. 내 맹세하지!"

"좋아요, 지금 우리한테는 먹을 것이 없어요. 이대로 있다가는 굶어 죽을 거예요. 당장 칼리프님께 가서 도와달라고 해요. 그분이 계시는 바그다드에는 없는 게 없답디다. 그분은 온 세상을 두루 비추는 태양과도 같은 분인데, 그 은혜를 조금 나눠 받는 것이 왜 안 된단 말이오? 한번 해봐요. 어서!"

남편이 속으로 중얼거렸다.

"그분 앞에 나아가려면 그럴 듯한 이유가 있어야 하오. 그냥 '가난한 사람'이라는 이유로 칼리프님 앞에 설 수는 없소. 아마 궁궐 문지기가 들여보내지도 않을 게요."

"그러면 그분께 드릴 선물을 가져가라고요! 우리처럼, 사막에 사는 사람들한테 가장 값진 것이 무엇이오? 물어 보나마나 물이지요, 물! 이 항아리에 물을 가득 담아 가져다드리면서 이렇게 말해요. 임금님께서는 금은보화를 잔뜩 가지고 계시겠습니다만, 하지만 이것을 받아주십시오. 우리 베두인들에게는 이보다 더 귀하고 값진 물건이 없습니다."

"그래요. 온 세상을 다스리는 칼리프님이지만 이처럼 값진 물은 그분께 없을 것이오! 내 그렇게 하리다."

아내는 자기가 가장 아끼는 초록색 항아리에 물을 가득 담아 남편에게 줘 보내며 기도했다.

"오, 주님. 이 아까운 물을 강도들에게 빼앗기지 않도록 지켜주십시오. 한 방울 한 방울이 진주처럼 값진 물입니다. 아무쪼록 남편을 보호하시어 무사히 왕궁에 도착하도록 해주세요."

베두인 남자가 무사히 왕궁에 도착하자 그의 눈앞에

놀라운 광경이 펼쳐졌다. 거지들이 빈손으로 따돌림 받는 경우는 눈 씻고 봐도 없었고, 구걸하는 자들은 당당하게 큰 목소리로 외쳐댔다. 모두가 환영받았고, 칼리프의 너그러운 자비가 미치지 않는 구석을 찾아볼 수 없었다.

왕실 관리들이 베두인에게 다가와 따뜻하게 환영했다. 그들은 그의 넝마 차림을 보고 그가 무엇을 원하고 있는지 알았지만, 친절하게 맞아들였다.

"먼 길에 지쳤군요? 어서 오시오, 아라비아 족장!"

"아라비아 족장이라고요? 그런 말씀 마시오! 저는 그저 사막에 살고 있는 가난한 사람입니다. 그뿐이에요. 임금님께 자비를 구걸하러 이렇게 왔습니다. 제가 족장이라면 그건 이곳에서 저를 그렇게 봐주었기 때문이지요. 덕분에 제가 고귀한 사람이 되었군요. 자, 그러니, 부탁합니다. 이것을 임금님께 전해주십시오. 초록색 항아리에 담은 소중한 물입니다."

관리들은 웃지 않을 수 없었다. 그렇지만, 베두인이 선물로 가져온 물 항아리를 사람 목숨보다 더 귀한 물건인 양 바라보았다. 그렇게, 온 왕궁을 가득 채우고 있는 왕의 자비와 덕을 반영하였다.

관리들이 그를 데리고 장관에게 가자 장관은 그를 데

리고 황금 기둥들 사이로 해서 칼리프의 보좌 앞으로 나아갔다. 베두인이 몸을 부들부들 떨면서 칼리프 앞에 무릎을 꿇었다. 감히 고개를 들 수 없었으므로 그는 칼리프의 웃는 얼굴을 보지 못했다. 뿐만 아니라 왕이 보좌에서 일어나 자기에게로 가까이 다가오는 것도 몰랐다. 왕이 손으로 어깨를 잡자, 베두인은 너무나도 황송하여 아무 말도 하지 못했다. 그가 할 수 있는 일은 가져온 선물을 들어 바치는 게 전부였다. 칼리프가 말했다. "참으로 귀한 선물이군! 사막에서 온 물이라!"

그가 항아리 물을 컵에 따라 한 방울도 남기지 않고 마셨다. 그러고는 장관을 불러 말했다.

"보다시피 내가 방금 이 사람이 선물로 가져온 물을 한 방울도 남기지 않고 다 마셨소. 그러니 이 항아리를 황금으로 가득 채워 돌려주시오. 그리고 이 사람에게 새 옷을 입혀 저녁 식사를 나와 함께 할 수 있도록 하시오. 하룻밤 푹 쉬게 하고, 내일 아침 내 정원을 통과하여 집으로 돌려보내시오."

이튿날, 베두인 남자는 금으로 채워진 항아리를 어깨에 둘러메고 기쁨의 눈물을 흘리면서 왕실 정원을 통과하였다. 그런데 그때 나무들 사이로 생전 처음 보는 놀라운 광경이 그의 눈에 들어왔다. 그것은, 햇빛에 반짝이며 넘실거리며 맑고 깨끗하게 흐르는 티그리스 강물이었다!

그가 너무나도 놀라워 무릎을 꿇고 큰 소리로 외쳤다.

"아, 위대하신 임금님! 이토록 많은 물을 가지신 분이 그토록 가난한 선물을 마다 않고 받아주시다니! 진실로, 진실로, 임금님께서는 저의 보잘것없는 예물을 말 못할 축복으로 갚아주셨나이다!"

낙타와 생쥐

 건방진 생쥐 한 마리가 시장거리를 쏘다니다가 바닥에 놓여있는 밧줄을 보고 작은 앞니로 잡아당겼다. 밧줄은 꿈쩍도 하지 않았다. 좀 더 세게 당겼지만 여전히 밧줄은 움직이지 않았다. 생쥐가 밧줄을 어깨에 둘러메고 당기다가 위를 쳐다보고 주춤했다. 거기, 밧줄 저쪽 끝에 낙타가 매어있는 것 아닌가?

 그런데 낙타는 꼬마 생쥐한테 끌려다니는 게 재미있는지, 생쥐가 밧줄을 당기는 대로 끌려왔다.

 생쥐가 으스대며 친구들에게 말했다.

 "야아, 날 좀 보라고! 내가 보통 쥐가 아니라고 전에 말했지?"

 낙타가 속으로 말했다.

"호호, 보통 쥐가 아니라고? 그래, 어디 좀 더 두고 보자, 이 건방진 녀석!"

둘이 걷다가 강둑에 이르렀다. 거친 물살이 급하게 흘러내려갔다. 늑대나 사자조차도 그 강을 건너려면 조심깨나 해야 할 노릇이었다.

생쥐가 겁을 잔뜩 먹고 있는데 낙타는 시치미를 떼고 하품을 했다. 낙타가 생쥐에게 물었다.

"무슨 일입니까? 주인님. 왜 걸음을 멈추셨나요?"

생쥐가 벌벌 떨며 대답했다.

"강, 강물이야! 빠져 죽겠어."

"무슨 소리! 자, 보세요."

낙타가 강물로 들어서며 말을 계속했다.

"이렇게 무릎에도 차지 않는데, 무엇이 문제란 말입니까?"

"네 무릎하고 내 무릎하고 같으냐?"

"그렇다면 생쥐하고 낙타 사이에도 똑같은 차이가 있지 않겠느냐? 이 건방진 녀석아!"

생쥐가 기어들어가는 목소리로 말했다.

"미안해요, 낙타 아저씨."

낙타가 웃으며 말했다.

"자, 이리 내 등으로 기어오르렴. 옳지, 됐어. 꼭 잡고 있어야 한다."

둘은 사이좋게 강을 건넜다.

구걸의 규칙

걸인들에게 너그럽기로 소문난 왕이 있었다. 오늘은 병자들, 내일은 과부들, 또 다른 날은 가난한 성인들, 학생들, 노숙자들, 뜨내기들, 아침마다 다른 부류의 사람들이 왕의 도움을 입었다. 이런 식으로 그의 관용과 자선이 모든 사람에게 두루 미쳤다.

그런데 그는 자선을 베풀면서 한 가지 규칙을 엄하게 지켰다. 누구든지 황금을 구걸해서는 안 되고 소리를 내어서도 안 된다는 것이었다. 규칙을 어기는 자는 가차 없이 쫓겨나 빈손으로 돌아가야 했다.

"잠잠하여라, 그러면 구제 받으리라."가 그의 표어였다.

이렇게 한 평생 자선을 베풀며 살았는데, 그동안 위의 규칙을 어기고서도 도움을 받은 사람이 딱 둘이 있었다고 한다.

한 사람은 늙은이였는데 그가 이렇게 소리쳤다.

"나 좀 도와주시오. 굶어죽겠소!"

사람들은 깜짝 놀랐고, 왕이 동작을 멈추고 말했다.

"부끄러운 줄도 모르는 늙은이로군!"

그러자 노인이 대꾸했다.

"하지만 임금님보다는 덜 부끄럽지요! 임금님은 온 세상을 가득 채우고 남을 만큼 재물이 많은데도 그것으로 만족할 줄 모르고 내세에서도 잘 살아보려고 이렇게 자선을 베풀고 있지 않습니까?"

이 말에 왕은 웃음을 터뜨리고 노인에게 돈을 주었다.

또 한 사람은 가난한 법률학도였는데, 학생들이 도움을 받는 날 구걸하러 갔다가 킹킹거리고 우는 소리를 내는 바람에 빈손으로 돌아와야 했다.

다음날은 병자들이 도움을 받는 날이었다. 학생은 다리를 붕대로 감싸고 절뚝거리며 나갔지만 왕이 그를 알아보고 빈손으로 돌려보냈다.

이튿날 학생은 너울을 뒤집어쓰고 과부들 틈에 끼어 앉았다. 그래도 왕이 그를 알아보았다.

학생이 무슨 모습으로 변장을 해도 끝내 왕을 속일 수

가 없었다. 마침내 학생은 장의사를 찾아갔다.

"내 몸에 수의를 입혀서 임금님이 지나가는 길목에 눕혀 놓으시오. 그러면 내가 죽은 줄 알고 장례비로 몇 푼 던져줄 것이오. 성공하면 받은 돈의 절반을 주겠소."

장의사는 학생이 해달라는 대로 해주었다.

저녁나절, 왕이 지나가다가 수의 값으로 금화를 던져주었다. 학생은, 그 돈을 장의사가 모두 가져갈까봐 얼른 손으로 받아서 등 뒤로 감추었다. 그 바람에 수의 자락이 움직였고 결국 속임수가 밝혀졌다.

학생이 왕에게 말했다.

"하지만 전하, 결국 저는 이렇게 규칙을 어기고도 전하의 돈을 받아냈습니다!"

왕이 차갑게 말했다.

"그건 그렇다. 그러나 그 때문에 너는 정말로 죽어야 한다."

3

꾀로 해결한 어려움

사자와 토끼

 먹을 것이 많고 쾌적한 계곡에 여러 짐승들이 살았는데 한 가지 심각한 문제가 있었다. 다름 아닌 사납고 덩치 큰 사자가 그것이었다. 놈이 날마다 산에서 내려와 노리고 있다가 벼락같이 달려들어 사냥한 짐승을 머리에서 꼬리까지 먹어치우는 바람에 계곡은 말 그대로 공포의 도가니였다.

 이윽고 짐승들이 전체회의를 소집하여 이 문제를 논의하게 되었다. 온종일 토론한 끝에, 한 가지 제안을 사자에게 하기로 의견을 모았다. 그들이 사자에게 제안했다.

 "저희들이 날마다 신선한 먹이를 잡수시도록 진상해 올리면 어떻겠습니까?"

 사자가 물었다.

"무슨 꿍꿍이속이냐?"

"꿍꿍이속이라니요? 그런 것 없습니다. 다만 저희가 날마다 먹이를 대어드릴 터이니 산에서 내려와 우리를 사냥하시는 일을 그만두라는 것뿐입니다. 그러면 우리는 쓸데없이 악몽을 꾸지 않아도 되고 대왕님은 늘 배불리 드실 수 있고 게다가 사냥하는 수고를 하지 않아도 되지 않습니까?"

"너희들이 약속을 지키기만 한다면야, 그것도 괜찮은 방법이겠다."

"그 점은 염려 마십시오. 날마다 틀림없이 우리들 가운데 하나가 대왕님 앞에 나타날 것입니다."

사자가 여전히 미심쩍은 표정으로 말했다.

"하지만 그건 아무래도 자연의 법칙을 어기는 것 같구나. 지금 이 체제에서는 나처럼 위대한 사자도 자기 먹을 것을 구하기 위하여 얼마쯤 수고를 하는 것이 마땅한 일이거든."

"그러나 살아있는 모든 것들이 아무 값도 치르지 않고 하느님을 의존하여 목숨을 이어간다는 신성한 법도 있잖습니까?"

사자가 한참 생각한 끝에 결론을 내렸다.

"음, 좋다. 그렇게 하자. 하지만 날마다 약속대로 기름지고 맛있는 먹이를 내게 바쳐야 한다. 약속을 어길 경우에는 전보다 사정이 더 고약해질 것이다."

그래서 짐승들은 날마다 제비를 뽑았다. 제비를 뽑은 짐승은 다른 짐승들이 안심하고 평화로운 삶을 즐길 수 있도록 자신을 사자에게 희생 제물로 내주어야 했다.

하루는 토끼가 뽑혔다.

그런데 토끼는 사자 있는 데로 가는 대신 자기 굴에 남아서 울어댔다.

"언제까지 우리가 이 노릇을 계속해야 한단 말인가?"

짐승들이 겁에 질려 달려왔다.

"어째서 이러고 있는 거냐? 우리가 스스로 만든 제도이니 지켜야 해. 어서 일어나 사자한테로 가라고! 빨리! 아니면 우리 모두에게 끔찍한 일이 벌어질 거야."

토끼가 말했다.

"여러분, 내게 생각이 있어요. 그 생각대로 된다면 나도 죽지 않고 살 뿐 아니라 여러분과 여러분 자식들도 모두 사자 밥이 되지 않을 수 있습니다."

겁에 질린 짐승들이 그의 말을 들으려 하지 않았다.

"헛소리 집어치워! 넌 토끼야. 영리한 척하는 나귀처럼 굴지 말라고! 어서 가. 안 그러면, 사자가 우리 모두를 다시 사냥할 테니까."

토끼가 웃으며 말했다.

"틀림없이 내 생각대로 될 거요."

짐승들이 두 패로 나뉘어 서로에게 소리를 질러댔다.

"어디, 그 계획이 무엇인지 들어나 보자."

"아니야. 그럴 것 없어. 어서 저 녀석을 사자 굴로 쫓아 버리자."

그러나 떠들던 짐승들이 갑자기 조용해졌다. 어느새 토끼가 사라졌기 때문이다.

토끼는 사자 굴에 이르러 사자가 으르렁대는 소리를 들었다.

"왜 이렇게 먹이가 안 오는 거야? 놈들이 나를 속인 게 틀림없어. 내 이럴 줄 알았지. 나를 속이다니! 어디, 그 값을 톡톡히 치르게 해주마."

조금 더 듣고 있던 토끼가 징징 울며 사자 앞으로 기어 갔다.

사자가 토끼를 보고 말했다.

"아하, 너냐? 어쩌자고 감히 백수의 왕인 나를 기다리게 한단 말이냐? 게다가, 그렇게 기다린 밥이 겨우 주먹만한 토끼 한 마리라고?"

토끼가 울음을 터뜨렸다.

"제발 자비를 베푸소서. 그리고 제 말을 들어보세요. 아주 중요한 사실을 제가 알려드리려고 왔습니다."

사자가 으르렁거리며 이빨을 드러냈다.

"내가 너 따위 하찮은 짐승의 변명이나 들어줄 멍청이인줄 알았느냐? 그리고 너같이 한 주먹도 되지 않을 말라깽이를 먹고 온종일 견디라고?"

토끼가 숨이 턱에 차서 말했다.

"아, 제 말이 바로 그 말입니다. 제가 길을 떠날 때에는 저와 제 아우 둘이었어요. 토끼 한 마리로 대왕님 배를 채워드릴 수 없다는 것을 알았거든요."

"그렇다면 그 한 마리가 지금 어디 있느냐?"

"그런데, 그만 다른 사자에게 하나를 잃었답니다."

"다른 사자라니? 그런 놈이 있단 말이냐?"

"글쎄, 그걸 제가 대왕님께 여쭙고 싶은 겁니다. 그에 대해서는 누구보다 대왕님이 잘 아실 테니까요."

"난 그런 놈이 있다는 말도 들어보지 못했다."

"아니, 분명 있습니다. 얼마나 무섭다고요? 그가 갑자기 달려들어 우리 둘을 사로잡았지요. 제가 그에게, 우리는 이 숲을 다스리는 사자 대왕님의 종들이라고 말했습니다."

"아무렴 그렇지. 말은 바로 했다. 그러니까 그자가 뭐라고 하더냐?"

"아아, 용서하십시오. 그가 웃더군요."

"뭐라?"

"그가 웃으면서 이렇게 말했습니다. '흥, 사자 대왕 좋아한다! 어떤 늙어빠진 사자 한 마리가 있겠지. 더는 그놈 말을 내 앞에서 꺼내지 마라. 자, 우선 너를 아침 요기로 삼고 네 아우는 점심에 먹어야겠다.'"

그러자 사자는 화가 나서 꼭지가 돌 지경이 되었다. 토끼가 말을 계속했다.

"제가 그에게 사정을 했습지요. 제발 나를 아침 식사로 먹기 전에 한 번만 사자 대왕님을 뵙게 해달라고. 사자 대왕님께 당신을 조심하라고 말씀드리게 해달라고. 그러자 그가 '좋다, 가서 대왕인지 뭔지를 만나보아라. 하지만 네가 돌아올 때까지 네 아우를 인질로 잡아둬야겠다.' 제가 그러겠다고 하고서 여기 이렇게 혼자 온 것입니다."

사자가 정수리까지 화가 치밀어올라 으르렁거렸다.

"내 이놈을 갈기갈기 찢어놓을 테다! 그자가 어디 있느냐? 당장 나를 그에게로 안내하여라."

그리하여 토끼가 앞장서고, 몇 달 동안 먹기만 하고 운동을 하지 않아 살이 뒤룩뒤룩 찐 사자가 숨을 헐떡이며 그 뒤를 따랐다. 이윽고 그들은 커다란 웅덩이가 있는 곳에 이르렀다.

그때 갑자기 토끼가 뒷걸음질을 쳤다.

"왜 그러느냐? 어째서 뒷걸음질을 치는 거야?"

토끼가 몸을 부들부들 떨며 말했다.

"바로 저기에요. 그가 저기 있습니다. 그를 다시 본다는 생각만 해도 겁이 나서 죽겠어요."

"너희들의 대왕인 내가 여기 이렇게 있는데, 무엇을 겁낸단 말이냐? 나를 믿고 잠시만 기다려라. 네가 말하는 그 다른 사자는 오늘이 제삿날이다."

"제발 그렇게만 해주십시오. 우리가 저리로 내려갈 때 대왕님께서 제 곁에 계셔주신다면 안심이 되겠습니다."

토끼와 사자가 함께 웅덩이로 내려갔다.

그러자 바로 거기 물 속에 다른 사자가 나타나는 것이었다.

"보십시오, 저기, 저 사자만 아니었으면 저와 함께 대왕님의 아침밥이 되었을 제 아우도 저기 있네요."

사자가 입을 있는 대로 벌리고 으르렁거렸다. 그러자 아래에서도 다른 사자가 똑같이 입을 벌리고 으르렁거렸다. 사자는 잔뜩 몸을 움츠렸다가 펄쩍 뛰어올랐다. 저쪽 사자도 그렇게 했다. 굉장한 소리와 함께 사자 몸이 웅덩이 속으로 사라졌다.

그리고 물론, 그것이 그의 끝장이었다.

숨어있던 짐승들이 뛰쳐나와 춤추고 노래하며 원수 사자로부터 자기들을 구해준 토끼를 칭송하였다.

비밀 메시지

 한 상인이 인도 여행을 떠나기 전에 하인들을 불러놓고 말했다.

 "이번 여행에서 돌아올 때 너희 모두에게 선물을 주기로 했다. 원하는 것이 있으면 말해라. 최선을 다해 구해 보겠다."

 모두들 기뻐하며 자기가 원하는 것을 말했다.

 상인은 새장에 갇혀있는 아름다운 앵무새에게도 말했다.

 "너는 어떠냐? 인도에서 무엇을 가져다주련?"

 앵무새가 한숨을 쉬며 대답했다.

 "아아, 인도! 제가 태어난 곳이지요. 주인님, 거기 가서 제 친척들을 만나거든 제 안부와 함께 내가 언제나 그들을 그리워하고 있다는 말을 전해주시고, 혹시 그들이 저에게 전하는 메시지가 있는지 물어봐주십시오. 그것이 제가 원하는 전부입니다."

"그러마. 거기서 앵무새를 만나면 꼭 네 말을 전하지. 자, 그럼 잘들 있어라!"

상인은 인도의 이곳저곳을 돌아다녔다.

여행이 막바지에 이르렀을 때, 하루는 들판을 건너다가 나무 위에 앵무새들이 앉아있는 것을 보았다. 그가 앵무새들에게 인사를 건네고 집에 두고 온 앵무새의 말을 전했다. 앵무새들이 그의 말을 귀담아듣는데, 특히 한 마리가 깊은 관심을 나타냈다. 상인의 말이 끝나자 그 새가 격렬하게 몸을 떨더니 갑자기 땅바닥으로 떨어져 상인 발치에서 숨을 거두었다. 다른 새들이 슬프게 울면서 주위를 날아다녔고, 상인은 가슴이 아파서 혼자 중얼거렸다.

"이 불쌍한 새가 우리 집 앵무새의 친척이나 친구인 게 틀림없어. 내가 전한 말이 그만 이 새를 죽게 한 거야. 말을 하지 말았어야 해. 정말 바보같이 굴었군!"

여행을 마치고 상인이 돌아오자 온 집안 식구들이 기쁘게 환영했다. 그가 보따리를 풀고 준비해온 선물들을 나눠주었다.

앵무새가 끝까지 참고 기다리다가 울음을 터뜨렸다.

"주인님, 제 말을 전하셨나요? 그들이 저에게 전하는 무슨 메시지가 없었어요?"

애처로운 눈빛으로 앵무새를 바라보며 상인이 말했다.

"물론 네 말을 전했지. 하지만, 전하지 않았더라면 좋았을 뻔했어. 그 일을 지금도 후회하고 있다."

"무슨 일이 있었는데요?"

"나무 위에 앉아있는 앵무새들에게 네 말을 전했다. 모두 네 친척들 같았어. 그런데 그중 하나가, 너를 잘 아는 게 분명했지. 그 새가 내 말을 듣고는 너무나 절망하여 그만 그 자리에서 숨을 거두더구나. 내 발치에서 죽고 말았어. 내 말을 믿어다오. 정말 미안하다. 네 말을 전하지 말 걸 그랬어."

앵무새가 주인의 말을 주의 깊게 듣더니, 어리둥절한 상인 앞에서 몸을 떨기 시작했다. 그러고는 그만 새장 바닥에 몸을 던지고 숨을 거두었다.

상인이 크게 실망하여 소리 질렀다.

"아아, 이를 어쩌나? 내 아름다운 새가 죽었구나. 이런 바보 멍청이가 어디 있단 말인가! 진작 알았어야 했어. 입을 열면 안 된다는 것을."

그가 눈물을 뿌리며 죽은 새를 새장에서 꺼내는데, 갑자기 앵무새가 날개를 치고 하늘로 솟구치더니 나뭇가지에 앉아 아래를 내려다보며 말했다.

"저의 임자였던 분이여! 인도의 그 앵무새는 죽지 않았답니다. 죽은 척하는 속임수로 새장에서 벗어날 방법을 내게 일러준 것이지요."

일 대 삼

한 농부가 과수원을 둘러보다가 거기 얼쩡거리는 사람 셋을 발견했다. 자세히 보니, 하나는 법관, 하나는 귀족, 나머지 하나는 수피 차림이었다. 하지만, 겉모양과 달리 남의 재물을 훔치는 도둑이 분명했다.

농부가 혼잣말로 물었다.

"자, 이 일을 어쩐담? 내가 아무리 옳다고 해도 그것을 실천할 힘이 없다면 그 옳은 게 무슨 소용인가? 저자들은 셋인데 나는 혼자니, 허 그것 참! 오라, 그래. 그렇게 하면 되겠군! 좋은 생각이야."

그가 웃으며 과수원으로 들어가 세 도둑에게 정중히 인사를 건넸다.

"손님들, 안녕하시오? 우리 과수원에 오신 것을 환영합니다. 날씨 참 덥군요! 여기 나무 그늘에 앉으십시오. 아니, 잠깐 기다리세요. 아무래도 깔개가 있어야겠네요. 보자, 우리 집 하인들이 어디 있지? 허어, 어쩌면 한 녀석도 눈에 띄지 않는군."

그가 수피에게 고개를 돌리고 말을 계속했다.

"수고스럽지만, 제 집에 가서 깔개를 가져다주시겠어요? 예, 고맙습니다. 초면에 이거 신세가 많네요. 미안합니다."

수피가 떠나자 농부는 법관과 귀족에게 말했다.

"저같이 천한 것들은 사회의 고귀하신 분들에게 빚이 많지요. 법관들이 없으면 우리가 어떻게 살아남겠습니까? 저희 따위가 무슨 수로 소송을 감당하겠어요? 그리고 귀족들이 모범을 보여주지 않으면 이 세상은 금방 무너지고 말 겁니다. 그런데 한 가지 좀 궁금한 게 있네요. 두 분이 어떻게 저런 수피와 어울리게 되었는지, 그게 이해가 안 됩니다. 저 욕심 사납고 천박한 친구만 아니면 두 분을 기꺼이 제 집에 초대할 텐데요."

두 도둑이 물었다.

"우리를 어떻게 초대하겠다는 거요?"

"평소에 우리 같은 천민을 도와주신 데 대한 감사 표시로 이곳에 한 주일쯤 모시겠습니다. 최고의 음식과 잠자리를 대접해드리는 것은 물론이지요. 다만, 저 수피가 아무래도 마음에 걸리네요. 어떻습니까? 두 분의 품위를 떨어뜨리기나 할 저 수피 녀석을 제가 쫓아버릴까요?"

법관과 귀족이 농부의 말을 기꺼이 받아들이고 수피를 그에게 맡겼다. 농부가 몽둥이를 들고 기다렸다가 깔개를 가지고 오는 수피를 만났다.

"야, 이 도둑놈! 너 잘 만났다. 언제부터 도둑질이 네놈의 신앙고백이었더냐?"

수피가 법관과 귀족을 향해 소리쳤다.

"도와주게, 도와줘!"

하지만 조금 전까지 동료였던 둘은 몽둥이찜질을 당하고 있는 수피를 못 본 척했다. 수피가 쓰러질 듯 비틀거리며 울부짖었다.

"이 비열한 사기꾼들아! 지금은 내가 농부에게 맞고 있지만 너희도 조심하는 게 좋을 게다. 똑같은 일을 당할 테니."

하지만 농부의 매질이 계속되자 그는 더 무슨 말을 못하고 헐떡이며 달아났다.

농부가 나무 아래에서 기다리고 있는 두 사람에게 다

가와 그들을 깔개에 앉히고 말했다.

"후유! 놈을 쫓아버렸어요! 자, 이제 남은 닭은 두 분 것입니다. 우선 뭘 좀 드셔야겠지요? 마누라가 빵을 굽고 오리도 잡던데, 그것으로 고귀하신 두 분을 대접하게 되었으니 무척 좋아할 겁니다. 원체 수줍은 사람인지라, 이 고장의 저명인사를 뵙는 것만으로도 기뻐서 어쩔 줄 모를 거예요."

그가 귀족에게 말을 계속했다.

"선생이 제 집에 가셔서 상을 차리라고 명을 내리시면 어떨까요? 부탁이 아니라 명을 내리셔야 합니다. 이 집은 선생 집이니까요."

귀족이 사라지자 농부가 법관에게 콧소리로 말했다.

"저 친구가 귀족이 아닌 건 삼척동자도 알 겁니다. 선생은 물론 학식이 풍부한 법관입니다만, 저 친구는 틀림없이 가짜일 거요. 이 나라엔 귀족을 사칭하는 천박한 것들이 득시글거리지요. 하지만 신분이 발각되는 날에는 끝장입니다. 그러니 저 친구를 그냥 둘 수 없지요. 물론 선생께서도 저와 생각이 같을 줄 믿습니다."

법관이 말했다.

"옳은 말이오."

농부가 몽둥이를 들고 말했다.

"자, 그럼 내가 놈을 쫓아버릴 테니 두고 보시오. 놈을 처치한 뒤에 둘이서 오붓하게 맛있는 요리를 즐겨봅시다."

그가 몽둥이를 들고 기다렸다가 집에서 돌아오는 귀족을 만나 사정없이 몽둥이를 휘두르며 말했다.

"너 이놈, 덩치만 큰 멍청아! 무슨 배짱으로 감히 귀족 행세를 한단 말이냐? 벌레 같은 놈! 어느 명문대가에서 그래 도둑질을 유산으로 물려주더냐?"

귀족이 법관을 향해 소리쳤다.

"아이쿠! 윽. 어쩌자고 거기 그렇게 앉아만 있지? 우리 계획은 어찌 된 거야? 으윽, 악! 이 배반자. 너도 조심해. 저 교활한 농부한테 지금 속아 넘어가고 있다고! 아이쿠, 어매. 나 죽네!"

그도 결국 징징 울면서 달아났다.

"자, 이젠 네놈 차례다!"

농부가 사납게 돌아서서 법관을 노려보고 대들었다.

"법관 좋아한다! 겨우 그 머리로 짜낸 계획이라는 게 한순간에 친구고 뭐고 등져버리는 머저리들과 패를 이루어 남의 과수원이나 털자는 것이었느냐? 꺼져버려, 당장!"

 법관이 벌벌 떨며 두 손을 내저었다.

 "알았어요, 알았어! 당신이 이겼습니다. 그만 때리라고요. 으윽! 내가 매를 맞아도 싸지. 친구들을 그리도 쉽게 등졌으니……."

4

피할 수 없는 운명

저승사자 아즈라엘

솔로몬의 대신 하나가 겁에 잔뜩 질린 얼굴로 나타났다.

왕이 그에게 물었다.

"무슨 일이 있었소?"

대신이 말했다.

"방금 궁전 뜰을 건너다가 저승사자 아즈라엘을 만났어요. 제 목숨이 오늘로 끝장인가 봅니다!"

솔로몬이 웃으면서 말했다.

"정말 그렇다면 어떻게 지금 살아서 나에게 그런 말을 하고 있는 거요? 안심하시오. 사람들은 잘 모르겠지만, 나도 아즈라엘을 자주 만나 얘길 나누고 있소. 실은 오늘이 그를 만나기로 한 날이오. 이리로 오고 있는 그를 그대가 길에서 만난 모양이군."

하지만 대신은 마음이 놓이지 않았다.

"아즈라엘이 나를 유심히 눈여겨보더라고요. 내가 누군지 알아본 게 틀림없어요. 서둘러 도망치지 않았으면 뭐라고 말을 걸었을 겁니다. 아아, 이제 난 어쩌지요? 어떻게 하면 좋겠습니까?"

왕이 말했다.

"글쎄, 내 생각엔 겁낼 것 하나 없소만, 내가 그대를 도울 방법이 있거든 말해보시오. 뭐든지 힘닿는 대로 도와주리다."

"대왕께 바람을 다스리는 능력이 있다던데 사실입니까?"

"그렇소."

"그러면 지금 곧 저를 멀리 인도로 날려 보내라고 바람에게 명을 내려주시겠습니까?"

"그야, 어려울 것 없지. 내 그리하리다."

말이 끝나자마자 회오리바람이 겁에 질린 대신을 싣고 멀리 인도로 날아갔다.

바로 그때, 저승사자 아즈라엘이 왕 앞에 나타났다.

"어서 오시게, 아즈라엘!"

솔로몬 왕이 말했다.

"이리로 오는 길에 내 대신 하나를 보았나? 자네가 그에게 겁을 잔뜩 주었더군!"

아즈라엘이 말했다.

"글쎄 말입니다. 하긴 나도 그 친구 못지않게 놀랐지요. 오늘 밤 인도에서 만나기로 된 친구가 아직도 여기 있어서 말이오."

그게 그러니까……

노인이 의원에게 말했다.
"머리가 많이 아파서 왔소."
의원이 말했다.
"나이 들면 다 그렇지요."
"눈앞에선 팔랑개비가 돌고."
"노인 연세면 그런 일이 있을 수 있어요."
"등줄기도 땅겨서 아프고."
"그 연세에 놀랄 일도 아니지요."
"음식 먹을 때에도 조심해서 씹지 않으면……."
"이가 흔들리고 아프겠지요. 노인 연세에 당연한 일입니다."
"숨을 쉴 때에도……."

"알아요. 천식입니다. 노인 연세엔 별별 증세가 다 나타나지요."

노인이 화가 나서 소리 질렀다.

"나이, 나이, 나이! 그것 말고는 할 말이 없나? 이래도 나이, 저래도 나이, 그저 나이 때문이라는 말만 하니, 비싼 돈 주고 의원학교에서 그렇게 배웠어? 사람의 모든 병에 하느님이 내리신 처방이 있다는 사실을 자넨 모르나?"

의원이 아무 말 않고 침묵을 지키자 노인은 더욱 화가 났다. 얼굴이 벌겋게 되어 길길이 날뛰며 소리쳤다.

"이 멍텅구리 바보 녀석! 자네야말로 형편없는 저질 의원이로군! 겨우 한다는 말이 나이, 나이, 나이 타령일 뿐이니."

의원이 한숨을 쉬며 말했다.

"한마디 더 드리지 않을 수 없네요. 이렇게 화를 내시는 것도, 그게 그러니까, 노인 연세에는 누구나 그럴 수 있는 거랍니다."

천직

도둑이 치안판사에게 말했다.
"어쩔 수 없습니다. 도둑질이 내 천직인 걸요."
치안판사가 말했다.
"그러니 어쩌겠나? 자네를 잡아서 감옥에 넣는 것이 내 천직인 걸."

오디새의 운명

한번은 솔로몬 왕이 천막을 쳤을 때 공중의 모든 새들이 날아와서, 솔로몬이 새들 말을 알아듣고 그것으로 자기네와 소통할 수 있는 것을 크게 기뻐하였다. 그래서 저마다 자기만 아는 비밀스런 지식과 솜씨로 왕을 섬기겠다고 약속했다.

왕이 궁으로 돌아오자 새장에 갇혀있는 오디새가 말했다.

"대왕님. 저에게도 보잘것없지만 재주가 하나 있습니다."

솔로몬이 물었다.

"말해보아라. 네 재주가 무엇이냐?"

"제 날개로 오를 수 있는 데까지 높이 올라서 아래를 내려다보면 어디에 샘이 있는지, 그 샘이 얼마나 깊은지,

그 물이 마실 만큼 깨끗한지, 그것이 흙에서 나오는지 아니면 바위에서 나오는지를 모두 알 수 있지요. 별것 아닌 재주지만, 대왕의 군대가 사막을 행진할 때에는 꽤 요긴할 것입니다."

솔로몬이 새를 풀어주려고 자리에서 일어나며 말했다.

"거 참 쓸모 많은 재주로다! 네가 그렇게만 해준다면 얼마나 좋겠느냐?"

바로 그때, 질투심 많은 까마귀가 왕 앞에 나서서 급히 말했다.

"속지 마십시오. 저자는 거짓말쟁이입니다. 저 친구가 그렇게 밝은 눈을 지녔다면 어떻게 저를 습격하는 뱀은 보지 못하는 걸까요?"

솔로몬이 오디새에게 물었다.

"까마귀 말에 뭐라고 대답하겠느냐? 정말로 너는 거짓말쟁이에 허풍쟁이냐?"

오디새가 말했다.

"대왕님. 저는 진실을 말씀드렸습니다. 하지만 까마귀 말은 듣지 마소서. 저자는 이교도가 틀림없습니다. 그렇지 않다면, 모든 지혜, 모든 지식, 모든 솜씨가 운명이 막으면 아무 소용이 없다는 사실을 알았을 테니까요."

5

지혜와 상식

한 배에 탄 두 사람

배를 탄 문학박사가 사공에게 물었다.
"말해보게. 자네 문법을 배웠나?"
사공이 대답했다.
"웬걸요? 못 배웠습니다."
박사가 탄식하듯 말했다.
"저런? 안됐네. 문법도 모르고 살다니, 인생의 절반을 낭비한 셈이군."
배가 기슭을 떠났다. 얼마 뒤, 바람이 불고 배가 파도에 휩싸여 요동쳤다.
사공이 큰 소리로 물었다.
"박사님, 헤엄치는 법을 배우셨나요?"
박사가 소리쳤다.

"아니, 못 배웠네."

"저런?"

사공이 탄식하듯 말했다.

"안됐군. 헤엄치는 법도 모르고 살다니, 인생의 '전부'를 허비한 셈 아닌가!"

모래 자루

아랍인 하나가 낙타 등 양쪽에 자루를 싣고 가다가 수다쟁이 철학자를 만났다. 하늘 아래 존재하는 모든 것들에 대하여 떠들기를 좋아하는 철학자가 아랍의 고장과 기후에 대하여 자꾸 캐물었다. 나중에는 낙타 등의 자루에 무엇이 담겨있느냐고도 물었다.

아랍인이 대답했다.

"자루 하나엔 곡식을 담았고 다른 자루엔 모래를 담았소."

철학자가 물었다.

"모래라고? 어쩌자고 모래를 실어 낙타를 더 힘들게 하는 건가?"

"그거야, 곡식 자루와 균형을 맞추기 위해서지요."

철학자가 웃으며 말했다.

"균형을 잡기 위해서라면 곡식을 두 자루에 반씩 나누어 담으면 될 것 아닌가? 그러면 낙타가 힘이 절반은 덜 들 텐데."

아랍인이 존경어린 눈으로 철학자를 보았다.

"미처 그 생각을 못했군요. 선생은 정말 지혜로운 분이오."

그러고는 그를 더욱 자세히 살펴보며 말을 계속했다.

"선생이 이렇게 맨발에 넝마를 걸치고 있는 이유가 무엇이오? 내 눈에는 아무래도 변장한 군주든지 아니면 고관처럼 보입니다만."

철학자가 말했다.

"난 군주도 고관도 아니라네. 자세히 보게. 이건 변장이 아닐세."

"에이, 그러지 마시오. 아무도 내 눈은 못 속입니다. 말해주세요. 선생은 낙타가 몇 마리, 암소가 몇 마리 있습니까?"

"낙타도 암소도 없네. 날 놀리지 말게."

"그럼 선생은 상점 주인이군요? 그렇지요? 선생 가게에서는 어떤 물건을 팝니까?"

"가게라니? 나한테는 머리 덮을 지붕 한 장 없다네!"
"아하!"
아랍인이 웃으며 말했다.
"이제 알았다. 선생의 재산은 모두 황금인데 어디에다 잘 숨겨두었지요? 선생은 재물보다 자유롭게 떠도는 쪽을 선택하신 거요. 지혜가 선생의 재산이요 지식이 선생의 보물이지요."
"그만! 그만하게나!"
철학자가 소리쳤다.
"그렇지 않아. 난 무일푼이네! 오늘 밤 당장 끼니를 때울 게 없다고! 보게, 이렇게 신발도 없고 넝마는 닳아서 구멍투성이 아닌가? 빵 반 조각만 있어도 어디든 달려가는 거지가 바로 나일세. 내게 지식이 있고 지혜가 있다고들 하지만 모두 두통거리일 뿐이지."
아랍인이 말했다.
"당신처럼 아는 게 많고 지혜로운 사람이 그런 신세라면 그건 분명 나쁜 운명의 저주를 받았기 때문일 게요. 그 저주가 나한테까지 미치게 할 순 없지! 당신이 어느 쪽으로 가든지 난 그 반대쪽으로 가겠소! 그리고……."
그가 낙타 등을 두드리며 한마디 보탰다.

"이 낙타에도 곡식 담은 자루와 모래 담은 자루를 그대로 실을 거요."

우리 집으로?

 유리와 그 아버지가 열려있는 관 앞을 지나는데, 시신 위에 엎드려 한 아이가 울고 있었다.
 "아버지! 이제 사람들이 아버지를 카펫도 없고 친절하게 위로해주는 이도 없는 좁고 쓸쓸한 곳으로, 밤이 되어도 등불이 없고 식사 때가 되어도 먹을 것이 없고 문짝은 돌쩌귀까지 떨어져 나가고 지붕은 새고 친구도 이웃도 없는 곳으로 데려가겠지요? 그토록 어둡고 습하고 낮에도 햇빛 한 줄기 들어오지 않는 좁은 방에서 어떻게 지내실 건가요?"
 그 말을 듣던 유리가 아버지에게 속삭였다.
 "아빠, 그러니까 시방 사람들이 저 시체를 우리 집으로 데려간다는 거야?"

야간 문답

"일어나! 일어나!"

"음, 뭐야? 누군데 이래?"

"여기 누워있으면 안 돼. 시간이 자정을 넘겼다고! 도대체 무슨 술을 이렇게 마셨나?"

"이 병에 들어있는 걸 마셨네, 야경꾼 나리!"

"병이 비어있군. 무엇이 담겨있었나?"

"내가 마신 것이 담겨있었지."

"이 술주정뱅이 같으니라고! 따라와, 너를 감옥에 넣어야겠다."

"맙소사, 따라오라고? 내가 그럴 수 있다면 지금 이렇게 한가하게 누워서 야경꾼 따위와 노닥거리고 있겠나?"

야망에 찬 개미

 그렇게 해서, 그대는 장차 솔로몬처럼 위대한 왕이 되겠다는 개미를 만났지.
 그런데 왜 웃고 있나?
 지금 그대에게 있는 모든 것—자네의 기술, 재간, 지식, 능력 따위—들이 처음에는 개미만큼 작은 생각(아이디어) 아니었던가?

왕의 행차

왕이 사원에 기도하러 가는 길이었다. 경호원들이 채찍과 곤봉을 들고 앞장섰다.

"물러서라!"

그들이 큰 소리로 외쳐대며 왕의 행차 앞에서 얼쩡대는 자들을 채찍과 곤봉으로 내려쳤다. 어떤 자는 머리가 터지고 어떤 자는 옷이 찢어졌다.

아무 짓도 하지 않았는데 그냥 길가에 서 있었다는 이유로 채찍과 곤봉 세례를 받은 가련한 친구가 피투성이 몸으로 왕에게 울부짖었다.

"폐하! 이것이 폐하께서 사원으로 가는 길에 베푸시는 선행이라면, 그곳에 가서서 도대체 무슨 죄를 고백할 참이신지요?"

사원 밖에서

새벽에 아밀이 종을 깨웠다.

"일어나, 순갈. 온천장엘 다녀와야겠다. 서둘러! 수건과 비누를 챙겨라!"

순갈이 일어나서 수건과 비누를 챙겼다. 그들은 함께 길을 떠났다. 가는 길에 사원 앞을 지나게 되었는데, 마침 기도 시간을 알리는 소리가 들렸다. 순갈은 주인과 달리 독실한 신자였다. 기도 시간에 맞추어 기도하는 것을 좋아했고, 주인도 그러기를 바랐다.

그가 주인에게 청했다.

"주인님, 잠시 기도 드리고 와도 되겠습니까? 주인님이 기도를 원치 않는다면 여기 걸상에 앉아서 제가 마치고 나올 때까지 기다려주시겠어요?"

아밀이 마음은 내키지 않았지만 그러라고 했다. 순갈은 곧 사원 안으로 들어갔다.

이윽고 기도가 끝났다. 사람들이 사원에서 나오는데, 순갈의 모습은 보이지 않는다.

"누가 녀석을 붙잡고 있는 거야?"

아밀이 부글거리는 화를 누르며 투덜거렸다.

"놈이 기도를 좋아한다는 건 알고 있지만, 참는 데도 한계가 있어!"

그가 좀 더 기다리다가 드디어 참지 못하고 소리쳤다.

"야, 순갈!"

사원 안에서 순갈의 음성이 들렸다.

"예, 주인님!"

"왜 안 나오고 거기 있어? 누가 널 사원에 잡아두고 있는 거야?"

"아, 주인님. 조금만 참아주세요. 곧 나가도록 하겠습니다."

그러나 한참을 더 기다렸는데도 순갈의 모습은 나타나지 않았다. 아밀이 화가 정수리까지 치밀어 소리 질렀다.

"사원 안에 너 혼자 있는 걸 내가 다 안다! 순갈, 말해 봐. 도대체 누가 널 붙잡고 있는 거야?"

안에서 순갈의 음성이 들려왔다.
"아, 주인님. 주인님을 이리로 들어오지 못하게 막고 있는 바로 그분이 저를 밖으로 나가지 못하게 막고 있답니다!"

귀신이 무서워

 귀신이 무섭다고 우는 아이에게 엄마가 말했다.
 "귀신이 나온다고? 그것들을 조금도 겁내지 마라. 꿈자리나 공동묘지 같은 데서 귀신이 나타나거든 용감하게 덤벼들어! 그러면 금방 꼬리를 감출 테니까."
 아이가 되물었다.
 "하지만, 방금 엄마가 나한테 한 말이 그대로 귀신 엄마가 귀신한테 한 말이면 어떡해요?"

6

어리석음

잡힌 새의 세 마디 말

 한 남자가 올가미로 새를 잡았다. 그런데 새를 죽여서 먹으려는 순간, 놀랍게도 새가 말을 하는 것이었다.
 "여보세요. 당신은 양고기도 먹고 소고기도 먹었는데 여전히 배가 고프군요. 그런데 과연 나 같은 꼬맹이 새 한 마리 뜯어 먹는다고 성이 차겠어요? 하지만, 만일 나를 살려서 놓아준다면 당신에게 아주 값진 현자의 말 세 마디를 들려주겠습니다. 어때요?"
 남자가 그러자고 했다.
 새가 말했다.
 "좋습니다. 잘 들어요. 첫 번째 말은 당신이 나를 움켜잡은 손을 펴자마자 들려주겠어요. 두 번째 말은 지붕 위에서 들려주고 나머지 말은 나뭇가지 위에서 들려주지요. 내 말을 모두 마음에 새기면 행운이 뒤따를 겁니다. 자, 준비 됐나요?"

남자가 손을 폈다.

새가 그의 손에서 놓여나며 말했다.

"자, 첫 번째 말입니다. 당신 듣기에 말도 되지 않는 말이거든, 그 말을 누가 했든지 간에, 절대 믿지 말아요."

새가 지붕 위에 앉아서 말했다.

"두 번째 말입니다. 지나간 일은 후회하지 말고 잊어버려요."

이어서 새의 말이 계속되었다.

"실은 내가 아주 값진 진주알을 삼켰는데 무게가 다섯 근은 될 것이오. 그 진주알을 팔면 당신뿐 아니라 당신 손자들까지 대대로 배부르게 먹고 살 텐데, 나를 놓아줬으니 이제 그만 물 건너갔지요."

이 말에 남자가 후회와 분통의 눈물로 옷을 적시며 울부짖었다.

새가 남자를 달래며 말했다.

"진정해요. 당신이 내 말을 새겨듣지 않으면 아무리 현명한 말이라도 무슨 소용이겠어요? 내가 말했지요? 무슨 일이든지 지나간 일은 후회하지 말라고! 그러니 더 이상 시끄럽게 굴지 말아요. 그리고 당신은 나의 첫 번째 말도 귀담아 듣지 않았어요."

"뭐라고 했는데?"

"말도 되지 않는 말은 누가 하더라도 믿지 말라고 했잖아요? 내 몸무게가 겨우 세 근인데 어떻게 다섯 근이나 되는 진주알을 삼킨단 말입니까? 당신이 내 몸을 들어봐서 알 것 아니오?"

"아, 물론! 그렇지, 그렇고 말고!"

안심이 된 남자가 새에게 말했다.

"자, 그럼 이제 세 번째 말을 들려다오."

새가 나뭇가지 위로 날아오르며 말했다.

"앞의 두 마디 말을 듣는 당신 태도로 보아 세 번째 말을 해봤자 아무 소용없겠다 싶어서 그만두기로 했어요. 자, 그럼 안녕!"

그리고 새는 날아갔다.

사자 문신

카스윈 사람들은 자신을 보호하기 위해 몸에 문신을 새기는 관습이 있었다.

하루는 카스윈 사람 하나가 문신을 새기려고 이발소에 들어왔다.

"근사한 작품을 부탁합니다."

이발사가 물었다.

"좋습니다. 걸작품을 새겨드리지요. 자, 어떤 모양을 원하십니까?"

"용감한 사자를 새겨주시오. 그것이 전쟁터에서 내가 얼마나 용맹한 전사인지를 보여줄 것이오. 자, 어디 당신 솜씨를 맘껏 발휘해보시오. 가장 좋은 바늘을 쓰고 푸른 물감도 아끼지 마시오."

"알았습니다. 어디에다 새길까요?"

"여기, 어깨에 새겨주시오."

"좋습니다. 자, 앉으시지요."

이발사가 도구를 챙겼다. 그런데 첫 번째 바늘을 어깨에 찌르자 그가 소리쳤다. "으이이이구…! 아파라. 지금 뭘 하고 있는 거요? 사람을 잡을 참이오?"

"사자를 새겨달라고 하지 않았나요?"

"그래, 그랬지. 그런데 사자 어느 부위를 지금 새기고 있는 거요?"

"이제 막 꼬리 부분을 새기려는 참인데요."

"꼬리? 관두시오. 꼬리 따위는 없어도 돼. 꼬리 빼고 다른 부위를 새기시오."

이발사가 어깨의 다른 곳을 바늘로 찔렀다.

"으이이이구…! 이번엔 어느 부위요?"

"한쪽 귀를 새기려고요."

"귀라고? 에이, 그만두시오. 안됐지만 귀머거리 사자로 합시다. 귀 빼고 다른 부위를 새기시오."

그러나 이발사가 다른 곳을 찌르자 역시 비명을 질러댔다.

"으이이이구…! 이번엔 어디요?"

"아랫배요, 손님!"

"아랫배? 그딴 거 새기지 말아요. 난 지금 잔뜩 먹어서 배가 부르거든. 그러니 다른 부위를 새겨요."

이발사가 바늘을 내던지며 소리쳤다.

"더는 못하겠소. 세상에 꼬리도 없고 귀도 없고 배도 없는 사자가 어디 있단 말이오? 하느님도 그런 물건을 만들지 못하실 텐데 내가 무슨 수로 그 모양을 새기겠소?"

병문안

 귀머거리가 살았다. 하루는 이웃집 친구가 병들었다는 소식을 듣고 생각했다.

 '자, 이를 어쩌나? 병문안을 가긴 해야겠는데 소리를 듣지 못하니 이야기를 나눌 수 있어야 말이지. 게다가 병든 친구라 목소리도 아주 작을 것 아닌가? 하지만 그렇다고 해서 모른 척할 수야 없는 일이니, 아무래도 가봐야겠다.'

 가는 길에 혼잣말로 지껄였다.

 "내가 '좀 어떤가, 친구?' 이렇게 물으면 그가 '괜찮네.'라든가 '나아지는 중일세.'라고 하겠지. 그러면 '하느님께 감사드릴 일이군. 그래, 무슨 약을 쓰고 있나?' 하고 물어야지. 그가 소다수를 먹는다든지 아니면 쓸개즙을 먹는다고 대답하면 '그것 참 잘됐네. 곧 회복되겠군. 그런데 어느 의사가 자네를 돌보고 있지?'라고 물어야지. 그러면 그가 아무개 의사라고 대답하겠지. 그러면 '아하! 소문에 들으니 아주 용하다더군! 틀림없이 자네 발로 이곳을 걸어서 나갈 걸세!'라고 말해줘야겠다."

이렇게 혼자 생각한 귀머거리가 친구 집에 이르러 누워있는 환자 곁으로 다가가서 물었다.

"좀 어떤가, 친구?"

친구가 대답했다.

"거의 죽게 되었네."

"하느님께 감사드릴 일이군. 그래, 무슨 약을 쓰고 있나?"

"독약일세!"

"그것 참 잘됐네. 곧 회복되겠군. 그런데 어느 의사가 자네를 돌보고 있지?"

"저승사자, 아즈라엘이라네."

"아하! 소문에 들으니 아주 용하다더군! 틀림없이 자네 발로 이곳을 걸어서 나갈 걸세! 자, 그럼 난 이만 가봐야겠네. 잘 있게. 하느님이 자네 곁에 함께 계시기를!"

방에서 나가는 그를 보며 환자가 속으로 중얼거렸다.

"도대체 내가 저한테 무슨 짓을 했다고 이렇게 미워하는 걸까?"

나귀가 사라졌다!

수피가 시종을 데리고 길을 가다 한 수도원에 들렀다. 수도자들이 수피를 환영하여 어서 들어오라고 했다. 수피는 나귀에게 물과 먹이를 줘야 했으므로 기꺼이 수도자들과 어울렸다.

한편 수도자들은 손님을 환영하기는 했지만 워낙 수도원 살림 형편이 바닥인지라 손님을 대접할 음식이 없었다. 너무나 가난했기에 뭐가 옳은지 그른지를 분간할 수 없을 지경이 된 그들은 수피의 시종을 잡아 묶어놓고 나귀를 장에 내다 팔았다. 그리고 그 돈으로 먹을 것과 초를 잔뜩 샀다.

수도자들이 큰 소리로 떠들어댔다.

"오늘 밤 신나는 잔치를 벌이자! 먹을 게 얼마든지 있으니, 이제 굶주림 끝, 음악과 춤 시작이다! 게다가 대접할 손님까지 있으니 얼마나 잘된 일인가?"

수피는 잔치에 초대를 받고 비록 몸은 고단했지만 사양하는 것이 실례라고 생각되어 합석하기로 마음먹었다.

수도원 전체를 촛불로 환히 밝히고 모두들 배불리 먹었다. 식사가 끝날 무렵 악사들이 연주를 시작했다.

수도자들이 모두 일어나 춤을 추는데 발바닥이 땅에 붙어있지 않을 정도였다. 수피도 따라서 춤과 노래에 빠져들어갔다.

한바탕 춤이 끝났을 때 어디선가 외마디 비명이 들려왔다.

"나귀가 사라졌다!"

그러자 가수가 "나귀가 사라졌네, 나귀가 사라졌어!"라고 노래를 부르기 시작했다.

수도자들이 합창으로 화답했다.

"나귀가 사라졌네, 나귀가 사라졌어."

수피는 노랫말이 좀 이상하다고 생각되었지만 이내 흥에 취하여 다른 사람들보다 더 큰 소리로 따라 불렀다.

"나귀가 사라졌네, 나귀가 사라졌어!"

새벽이 밝았다.

수피가 잔뜩 어질러진 수도원 마당에 혼자 있는 자신을 발견했다. 약간 어리둥절한 채, 짐을 챙겨들고 중얼거렸다.

"모두들 순례를 떠났나? 서둘러서 따라잡아야지."

그런데 나귀도 시종도 보이지를 않는 것이었다.

"이 게으른 녀석이 간밤에는 뭘 하고 이제야 나귀 물 먹이러 간 모양이군."

그러나 돌아온 것은 시종 혼자였다.

"나귀는 어쩌고 혼자 오는 거냐?"

시종이 대꾸했다.

"웃기지 마세요, 주인님."

"이놈아, 나귀에게 물과 먹이를 주라고 했잖느냐? 그런데 어째서 혼자 몸으로 슬렁슬렁 나타나는 거야?"

"간밤 일을 하나도 기억 못하십니까?"

시종이 큰 소리로 말했다.

"나보고 어쩌란 말인가요? 수도자들이 달려들어 나를 잡아 묶어놓고는 나귀를 빼앗아 팔아먹었단 말입니다. 내가 큰 소리로 항거했지만 죽일 듯한 태세였다고요."

"그런데 어째서 나에게 알리지 않고 가만히 있었느냐?"

"가만히 있다니요? '나귀가 사라졌다!'고 소리쳤잖아요? 그러자 주인님이 다른 사람들보다 더 크게 '나귀가 사라졌다'고 노래 부르며 춤추지 않았습니까?"

망친 기도

네 사람이 기도하러 사원에 들어갔는데, 꿇어 엎드려 기도하는 동안 침묵을 지키기로 약속했다.

그때 무에찐(기도 시간을 알리는 사람)이 나타나서 기도 시간이 되었음을 목청껏 알렸다. 그러자 넷 가운데 하나가 입속으로 중얼거렸다.

"뭐야? 벌써 기도 시간인가?"

두 번째 사람이 속삭였다.

"이봐. 방금 말을 했으니 자네 기도는 말짱 헛것이 되었네."

세 번째 사람이 두 번째 사람에게 소리 내어 말했다.

"밥통 같으니라고! 자네야말로 기도를 망쳤구먼."

네 번째 사람이 큰 소리로 외쳤다.

"하느님을 찬미하라! 나는 저 바보 같은 세 친구의 잘못을 저지르지 않았도다!"

별로 영리하지 못한 새

새 잡는 사냥꾼이 밀 이삭을 미끼로 덫을 놓았다. 그러고는 풀과 꽃으로 자신을 위장하고 풀숲에 숨어 기다렸다.

작은 새 한 마리가 밀 이삭을 보지 못하고 사냥꾼에게 다가와 물었다.

"이게 뭐예요? 여기서 풀과 꽃을 뒤집어쓰고 뭘 하는 겁니까?"

약간 놀란 사냥꾼이 대답했다.

"음, 그게, 그러니까, 난 자연에 묻혀 단순하게 살아가는 성인이다."

"어떻게 이런 삶을 시작하게 됐나요?"

"그러니까, 그게, 말하자면, 가까운 친구가 갑자기 죽었을 때 나는 큰 충격을 받았지. 나도 저렇게 죽을 수 있는데, 그런데 하느님을 만날 준비가 안 돼 있는 거라. 그래서 그날로 재산과 인간관계를 모두 청산하고 이리로 와서 이렇게 무덤에 묻힐 준비를 하고 있는 거다."

"뭔가 잘못 알고 있는 것 같군요. 하느님을 믿는 사람이라면 세상에서 도망칠 것이 아니라 오히려 공중예배에도 참석하고 날마다 온갖 악과 싸우며 어렵게 사는 이들을 도와주어야 하는 것 아닌가요?"

"옳은 말이다. 하지만……."

이렇게 해서 둘은 아침나절을 토론으로 보냈다. 과연 사냥꾼의 선택이 옳은 것인지 아닌지가 토론의 주제였다.

그러다가 문득, 덫에 놓여있는 밀 이삭을 새가 보았다.

"저게 뭐지요?"

"아, 그것? 가까이 사는 고아에게 줄 거란다. 돌봐주는 이도 없고 가진 것도 없는 불쌍한 아이가 자기를 돌봐달라고 하는데, 어떻게 가만있을 수 있겠니?"

새가 밀 이삭을 보고 침을 삼키며 말했다.

"말을 많이 했더니 배가 고프네요. 저것을 조금 먹으면 안 될까요?"

"그건 네가 알아서 할 일이다. 너도 배울 만큼 배운 새니까, 배고프지도 않은데 먹는 것이 범죄인 줄은 알 거다. 배가 고프더라도 절제하는 것이 더 낫지. 하지만 그걸 꼭 먹어야 하겠다면 값은 지불해야 할 거야."

새가 밀 이삭을 보고 또 보고 하다가 그만 부리를 대었고, 결과는 철커덕! 덫에 걸리고 말았다. 새가 절망으로 몸부림치며 울부짖었다.

"이게, 이게, 성인하고 토론한 결과란 말인가?"

사냥꾼이 말했다.

"천만에! 고아의 몫을 빼앗은 결과다!"

설상가상

 어느 남자가 양 한 마리를 끌고 생각에 몰두하여 길을 가고 있었다. 도둑이 다가와 몰래 줄을 끊고서 양을 데리고 달아났다. 한참 뒤에 남자가 정신이 들어 양이 없어진 것을 알고는 큰 소리로 양을 부르며 이리저리 헤매었다. 하지만 아무도 양을 봤다는 사람이 없었다.

 얼마 뒤, 우물곁을 지나는데 웬 사람이 소리 내어 울고 있었다.

 "아이고, 아이고. 이 일을 어쩌면 좋단 말인가?"

 남자가 물었다.

 "무슨 일이오?"

 "내 지갑을 우물에 빠뜨렸지 뭡니까? 누구든지 우물에 내려가서 지갑을 가져다주는 사람이 있으면 지갑에 든 돈 절반을 줄 텐데."

"지갑에 얼마나 들었소?"

"백 디나요."

백 디나? 남자가 생각했다. 백 디나 절반이면 오십 디나! 오십 디나면 양 열 마리는 살 수 있겠다!

"내가 내려가겠소!"

남자가 옷을 벗어놓고 우물로 내려갔다.

도둑이 그 옷을 가지고 도망쳤다.

터키인과 재단사

 어느 날 밤, 옷감 주인이 보는 앞에서 재단사들이 어떻게 옷감을 훔치는지에 대하여 한 이야기꾼이 재담을 늘어놓아 사람들을 즐겁게 했다. 재단사의 속임수에 대한 이야기는 무궁무진이었고 모두들 소리 내어 크게 웃었다.

 그런데 청중 가운데 이야기를 들을수록 화가 나는 사람이 하나 있었다. 터키인이었다. 마침내 더 들을 수 없게 된 그가 말했다.

 "온 세상 재단사를 모독하는 그런 소리 마시오. 난 한마디도 곧이들을 수 없소. 정말 그런 재단사가 있다면 이름을 대보시오. 어서 대보라고요. 그렇게 속임수에 능한 재단사가 도대체 누구요?"

"그런 재단사들이야 얼마든지 있지만, 당신이 이름을 대라니 한 사람 일러주겠소. 피리 슈즈라는 재단사가 이 마을에 있지요."

"좋소. 어디 정말 그가 내 눈 앞에서 옷감을 한 치라도 훔쳐낼 수 있는지, 우리 내기합시다."

사람들이 이구동성으로 말했다.

"관두시오, 관둬. 우리가 그 사람을 알아요. 당신보다 훨씬 약은 사람이오. 그 친구 속임수를 당신이 당해낼 리가 없소."

또 다른 사람이 말했다.

"괜히 손해날 짓 하지 마시오. 당신이 내기에 질 게 뻔하니까."

그러나 그럴수록 터키인은 더 화가 났다.

"당신들 모두와 내기를 걸겠소. 여기 내 말이 있어요. 만약에 그가 내 옷감 훔치는 데 성공한다면 이 말을 내놓겠소. 하지만 그가 나를 속이지 못하면 당신들이 이 말과 똑같은 말 한 마리를 내게 줘야 하오."

모두들 그러자고 했다.

그날 밤, 터키인은 재단사가 옷 짓는 동안 그 손놀림을 지켜보는 상상을 하느라고 잠을 못 잤다.

이튿날 아침, 그가 비단 한 필을 가지고 피리 슈즈의 가게로 갔다.

재단사가 웃는 얼굴로 그를 맞아들이며 건강이 어떠냐고 상냥하게 물어보았다. 하도 다정하게 영접하는 바람에 터키인은 그에게 호감이 갔다.

피리 슈즈가 물었다.

"자, 그럼 어디 옷감을 볼까요?"

터키인이 옷감을 펼치며 말했다.

"이걸로 코트 한 벌 만들어주시오."

"훌륭한 옷감이군요."

"여기, 윗부분은 좁게 하시고."

"그래야 손님의 멋진 몸매가 드러나지요."

"여기, 아랫부분은 넉넉하게 하시오."

재단사가 큰 소리로 말했다.

"그러니까 허리 아랫부분은 풍성하게 하라는 말씀이지요? 와아, 훌륭하십니다! 벌써 근사한 코트 한 벌이 눈에 보이네요."

그가 터키인의 몸 치수를 재빨리 잰 다음, 걸상에 앉히고 비단에 가위를 대었다. 그러면서 잠시도 쉬지 않고 재담을 쏟아내는데 구두쇠, 산적 두목, 노예들의 속임수나

실패담이 이야기의 주된 내용이었다.
 이내 터키인 얼굴에 웃음꽃이 피었다. 눈은 감고, 고개는 뒤로 젖히고, 재미있어서 어쩔 줄을 몰랐다.
 그때 재단사가 손을 놀려 비단 한 조각을 자르더니 잽싸게 계산대 아래로 감추었다.
 터키인이 말했다.
 "더 해주시오. 재미있는 얘기 더 없소?"
 재단사가 다른 이야기를 들려주자 터키인은 허리를 꺾고 웃어댔다. 그러는 사이 비단 한 조각이 또 사라졌다.
 "더 해요, 더 해. 당신 정말 기발한 얘기를 많이 알고 있구먼. 제발 더 해봐요."
 다음 재담은 더 웃겼다. 터키인은 얘기가 너무 재미있어서 깔깔거리고 웃느라고 눈에서는 눈물이 났다.
 그러는 사이, 비단은 한 조각 또 한 조각 자꾸만 사라졌다.
 "어디서 그런 재미난 얘기를 들었소? 더 없소?"
 터키인은 계속 졸랐고 비단은 갈수록 작아졌다.
 이윽고, 열두 번도 넘게 주문을 받자 재단사도 이야기에 바닥이 났다. 그래서 터키인을 측은한 눈으로 바라보며 말했다.

"당신 정말 어리석은 바보요. 스스로 자기를 속이다니! 아직도 모르겠소? 내가 이야기를 더 하면 당신 입을 코트가 몽땅 날아간단 말이오!"

보물찾기

 많은 재산을 유산으로 물려받은 바그다드 사람 하나가 돈을 낭비하여 무일푼이 되었다. 돈도 집도 없어진 그가 하느님께 애원했다.

 "주님, 당신께서는 이 모든 것을 저에게 주셨습니다. 그런데 그게 모두 날아가버렸어요. 제발 부탁합니다. 더 많은 재물을 주시든지 아니면 제 목숨을 거두어 이 비참에서 벗어나게 해주십시오."

 그날 밤, 꿈에 한 음성이 들렸다. "행운의 도시, 카이로 가거라. 거기 네 재물이 보관되어있다."

 그가 곧 일어나 길을 떠났다. 돈이 없어서 두 발로 걷다 보니 여러 날이 걸려서야 비로소 목적지에 이르렀다. 성문을 들어서는 그의 마음은 너무나도 기뻤지만 긴 여정 끝에 굶주리고 지쳐서 거의 기진맥진이었다. 구걸을 해야겠다고 생각했지만 창피해서 등을 돌리고 말았다. 그가 혼잣말로 중얼거렸다.

"밤이 되기를 기다려야지. 어두우면 구걸하기가 쉬워질 거야."

그러나 날이 어두워졌어도 역시 구걸은 쉽지 않았다.

"해보라고!"

속에서 굶주림이 시켜 손을 내밀긴 했지만 결국 문을 두드리지 못하고 뒤로 물러섰다. 그렇게, 밤이 깊어지도록 어두운 거리를 헤매었다.

그 무렵, 그곳 사람들은 잦은 도둑과 강도들 때문에 긴장하고 있었다. 순경들의 업무태만에 불평이 쏟아지자 칼리프가 몸소 사태 해결에 나섰다. 그가 경찰서장에게 말했다.

"이 도둑질을 끝장내야겠다. 의심스러운 자는 무조건 잡아들여서 혐의가 입증되면 그가 비록 내 친척이라도 머리를 잘라버려라. 알았느냐? 이 모든 범죄가 기승을 부린 것은 그대가 게으르고 느슨했기 때문이다. 그대 부하들 가운데 뇌물을 챙기는 자들도 있다고 들었다. 당장 이 모든 것을 끝장내도록 하라!"

경찰서장은 부하들에게 칼리프의 명을 전했고, 순경들은 눈에 불을 켜고서 거리를 돌기 시작했다.

바그다드 사람이 거리를 헤매다가 순경에게 들켰다. 순경이 그의 머리에 주먹세례를 퍼붓자 거리가 떠나가도록 큰 소리로 울부짖었다.

"아이고, 그만 때려요! 잠깐 내 말을 들어보라고요, 제발!"

"그래? 좋다!"

순경이 그에게 말했다.

"네가 이곳 사람이 아닌 걸 알고 있다. 어디, 왜 거리를 서성대고 있는지, 그 연유를 들어보자. 사실대로 말해 보아라. 여기서 뭘 하려고 했지? 누구하고 무엇을 짰느냐?"

"난 범인이 아니라 바그다드에서 온 나그네입니다."

그가 이곳에 오기 전에 자기한테 무슨 일이 있었는지를 자세하게 들려주었다. 하도 열심히 진지하게 말했으므로, 순경은 그의 말을 곧이듣게 되었다.

"그러니까 네가 도둑이 아니라는 건 알겠다만 바보 천치로구나! 꿈 때문에 그 먼 길을 걸어오다니! 미친 게 틀림없어. 그런 개꿈은 누구나 다 꾸는 것 아닌가? 나도 간밤에 비슷한 꿈을 꿨거든. 다만 내가 꿈에 들은 말은 네가 온 곳인 바그다드로 가라는 거였지! 하지만 내가 꿈을 믿고서, 비록 꿈에 거리 이름까지 자세히 들었다만, 숨겨진 보물을 가지러 바그다드까지 갈 것 같은가? 천만에! 가만, 그 거리 이름이 뭐더라? 아, 그래, 맞아!"

그가 바그다드 거리 이름을 대는데 바로 그 가난한 남자가 살고 있는 거리였다.

"그리고 장소가 어디냐 하면."

순경이 바그다드 사람의 집 위치를 정확하게 대었다.

"바로 그 집 두 번째 방 마루 아래에 보물이 숨겨져있다는 거라! 하지만 난 여기서 한 발짝도 떠나지 않을 거다. 그런 엉터리 환상을 믿을 수는 없지! 자, 풀어줄 테니 당장 여기서 사라져라. 다시 내 눈에 띄면 그땐 인정사정 보지 않겠다!"

바그다드의 가난한 사람은 더 들을 말이 없었다. 하느님께 수백 번도 더 감사를 드리며 속으로 순경에게 말했다.

"내가 바보라고? 그래 바보일는지도 모르지. 하지만 난 행운아라네. 우리가 꿈에 들은 음성을 같은 방식으로 받아들이지 않는 점이야말로 기적일세!"

그가 곧장 발길을 돌려 바그다드로 돌아갔다. 돌아가는 길에 수없이 하느님을 찬양하며 감사드렸다.

"우리 주님은 얼마나 지혜로우신 분인가? 바보인 나를 바보한테로 보내셨으니! 내가 그토록 바라던 것이 바로 우리 집 마룻장 아래에 있었구나! 하지만 거기서 할 수 있는 만큼 멀리 떠나지 않고서는 그것을 알 수 없었던 거야!"

노래하고 웃으면서 그는 드디어 바그다드 자기 집에 도착했다. 그리고 하느님이 거기 숨겨놓으신 보물을 찾아 제 것으로 삼았다.

흰 수염

늙은이가 소리쳤다.
"어서 문을 열게!"
이발사가 말했다.
"미안합니다. 너무 늦었어요."
"안돼! 수염을 손질해야 한다고!"
"도와드릴 수 없습니다."
"아니야, 당장 도와주게. 흰 수염을 모두 없애야 해!"
"급히 해야 할 일이 있는데요."
"흰 수염만 있는 대로 모두 뽑아주게. 그러면 돼. 내가 젊은 신부하고 결혼을 하게 됐단 말일세!"
이발사가 서둘러 노인을 받아들이고 의자에 앉힌 다음, 수염을 깡그리 밀어버렸다.

"됐습니다, 영감님. 검은 수염만 남고 흰 수염은 모두 없어졌어요!"

7

순간의 재치와 앞선 생각

배나무 위에서

배나무 그늘 아래, 한 여자가 정부 품에 안겨 있었다.
정부가 물었다.
"우리가 이러고 있는 줄 당신 남편이 눈치 챘을까?"
여자가 웃었다.
"그 사람? 홍! 그는 바보예요. 우리가 이러고 있는 걸 봐도 아무 일 생기지 않도록 속일 수 있어요. 우리 내기 해요."
"좋아, 해봅시다! 당신이 영리한 줄은 알지만, 그건 좀……."
"마침 저기 오네요. 덤불에 숨어요. 내가 어떻게 하는지를 지켜보라고요."
정부가 몸을 숨기자, 여자는 남편을 불렀다.

"여보, 당신이오?"

남편이 대답했다.

"응. 거기서 뭘 하는 거야?"

"배나무 위에 올라가 맛있는 열매를 따려고요."

"그거 좋지. 난 나무 그늘에 앉아있겠소."

여자가 나무 위로 기어오르기 시작했다. 그런데 조금 뒤, 갑자기 나무 위에서 아래를 향해 큰 소리로 남편을 부르는 것이었다.

"여보, 당신 지금 거기서 뭐하는 거야?"

"뭘 하다니?"

"거기서 지금 여자하고 무슨 짓을 하는 거냐고?"

"여자?"

"당장 여자 몸에서 손 떼지 못해? 어머나, 입도 맞추네? 저 벌레, 짐승! 아아, 어떻게 저럴 수가?"

"여보, 왜 그래? 당신 미쳤소? 여기 나 말고 누가 있다고 그러는 거야?"

"거짓말 말아요. 여기서는 다 보인다고요."

"보이긴 뭐가 보인다고 그래?"

"그럼 이 나무 때문인가? 어쩌면 이 나무가 환상을 보여주는 건지 모르겠네요. 아무튼 여기서는 당신이 여자를 껴안고 있는 게 다 보인단 말이에요."

"그래, 틀림없이 그럴 거야. 내려와서 당신이 직접 확인해보라고!"

아내가 나무에서 내려와 남편이 혼자인 것을 보고 놀라는 시늉을 했다.

"아무래도 내 눈을 믿을 수가 없어요. 여보, 당신이 한 번 올라가서 내려다볼래요? 뭐가 보이는지."

불쌍한 남편이 나무 위로 올라가는 동안, 여자가 덤불에 숨은 정부를 불러내어 껴안고 뒹굴었다.

남편이 나무 위에서 소리쳤다.

"여보, 거기 당신이 껴안고 있는 놈이 누구요?"

"여긴 나 혼자예요. 아무도 없다고요!"

"지금 당신 팔로 남자를 껴안고 있잖아?"

"무슨? 말도 안 되는 소리!"

"어? 입도 맞추는데?"

"여보, 그게 바로 나무가 보여주는 환상이에요. 당신도 그럴 거라고 했잖아요? 거기 좀 더 있으면서 환상이 얼마나 오래 지속되는지 보라고요!"

왜 하필 나?

 강도들이 마을을 습격하여 그곳 장로 둘을 잡아서, 그 중 하나를 나무에 묶고 죽이려 했다. 죽게 된 첫 번째 장로가 말했다.
 "도둑님들! 왜 하필 나를 죽이려는 거요? 날 죽여서 뭘 얻겠다는 겁니까? 난 돈도 없고 재물도 없는 가난뱅이요."
 두목이 말했다.
 "감춘 재물을 내놓지 않으면 어떻게 되는지, 네 친구에게 본보기로 보여줄 생각이다."
 "하지만 저 친구는 나보다 더 가난하다고요."
 두 번째 장로가 황급히 말했다.
 "아니! 그렇지 않소. 저 친구 지금 가난한 척하는 거요.

많은 금을 숨겨놓았지요."

그러자 첫 번째 장로가 말했다.

"좋소. 이 문제로 누가 옳은지 말씨름하지 않겠소. 하지만, 우리 둘의 처지가 비슷한 것 같으니, 그렇다면 저 친구를 죽이시오. 내가 숨긴 금 때문에 벌벌 떨 테니!"

처음과 나중을 함께 보고

한 노인이 금은방에 와서 말했다.

"내게 있는 금을 달아보게 저울 좀 빌립시다."

금은방 주인이 말했다.

"미안합니다. 체가 없는데요?"

"내가 저울 좀 빌리자고 했지 언제 체를 빌리자고 했소? 농담 마시오. 시간 없소."

"미안합니다, 노인장. 비도 없군요."

"그만! 그만! 무슨 소릴 지금 하는 거요? 당신 귀머거리요? 미쳤소?"

"아닙니다. 귀머거리가 아니에요. 다만, 노인 말씀의 처음과 나중을 함께 들은 겁니다. 설명해드리지요. 노인이 처음 저울을 빌리자고 했을 때 나는 노인 손이 떨리는 것을 보았습니다. 노인께서 떨리는 손으로 사금을 저울에 담다가 금을 흘리면 그것을 쓸어 담게 비를 달라고 할 것 아닙니까? 그래서 쓸어 담으면 금가루에 먼지가 섞여 있을 테니, 이번에는 금을 가려내게 체를 달라고 하시겠지요? 자, 그런데 이 집에는 비도 없고 체도 없으니, 다른 금은방으로 가보시는 게 어떨는지요?"

파수꾼

파수꾼이 잠에 곯아떨어진 사이 도둑이 상인들의 짐을 몽땅 털어갔다.

날이 새자 여기저기에서 난리가 났다.

"내 보따리가 없어졌다!"

"내 낙타들은 어디 갔지?"

"내 돈은?"

그들이 파수꾼을 불러 세웠다.

"도대체 어찌 된 건가? 설명해보게."

"내가 미처 알아차리기도 전에 놈들이 덮쳤답니다. 손가락 하나 움직일 짬이 없었다고요."

"그래도 뭔가 했어야 하지 않나? 자네 몸에 상처 하나 없으니, 그들을 막으려고 무슨 시도를 하기는 했는가?"

"완전무장한 강도들이었습니다. 나는 혼자 몸이었고요."

"그렇다고 소리도 못 지르나? 소리라도 질렀으면 우리가 깨어났을 것 아닌가? 도대체 소리도 지르지 못한다면 우리가 자네를 왜 고용했단 말인가?"

"아, 예. 나도 물론 소리를 지르려고 했지요. 그런데 두목이 칼을 목에 대고서 끽 소리만 내도 죽이겠다는 겁니다. 어쩔 수가 없었어요. 하지만 지금은 그들이 가고 없으니, 당신들이 나를 고용한 값을 치르겠습니다."

이렇게 말하고 나서 그가 벌떡 일어나 큰 소리로 외쳐 댔다.

"강도요! 도와줘요! 도둑이오! 도와주시오!"

8

현명한 판단

처음 보는 짐승

 마을에 소동이 일었다. 인도에서 온 뜨내기 흥행사들이 마을을 지나간다는 소문이 돌았던 것이다. 촌장이 말하기를, 흥행사들이 커다란 짐승을 데리고 다닌다는 말을 들었는데 자기가 직접 그것을 본 적은 없다고 했다. 마을 사람들 모두 호기심에 잔뜩 사로잡혔다.

 하루 종일 기다렸지만 해가 졌는데도 흥행사들 모습이 나타나지 않았다. 이윽고 한밤중이 되어서야 그들이 마을에 도착했는데 커다란 짐승은 우리 안에 갇혀있어서 볼 수가 없었다.

 네 사람이 짐승을 보고 싶은 마음에 잠을 이루지 못했다. 모두들 잠들었을 때 그들은 들킬까봐 등불도 없이 캄캄한 우리로 다가갔다. 겨우 창문을 찾아 안을 들여다

보았지만 아무것도 보이지 않았다. 그래서 창문을 열고 그리로 숨어들어갔다. 그들은 짐승을 각자 손으로 더듬어보았다.

"좋아!"

"음!"

"아하!"

"대단하군!"

그들은 손의 감촉이 말하는 대로 저마다 감탄했다. 밖으로 나온 그들이 짐승에 대하여 토론을 벌였다.

"그 짐승, 알고 보니 수도관처럼 생겼더군."

"무슨 소리? 커다란 부채 같더구먼."

"둘 다 틀렸어. 굵은 기둥처럼 생겼던데?"

"기둥이라고? 아니야, 영락없이 높은 보좌였어."

그들은 밤새도록 토론했지만, 아침이 되기까지 결론을 못 내렸다. 이윽고 날이 밝아 흥행사들이 코끼리를 밖으로 내놓자 그들은 커다란 수도관으로, 부채로, 기둥으로, 보좌로 본 자기네 생각이 틀리지는 않았지만 옳은 것도 아님을 알게 되었다. 그들이 자기네 지식을 함께 모았더라면 짐승 모습을 조금 더 제대로 알 수 있었겠지.

그리스 화가들

 예술작품을 좋아해서 화가들에 둘러싸여 사는 술탄이 있었다. 그런데 예술가들이란 얼마나 말이 많고 거만한 존재들인가?

 중국인 화가들이 말했다.

 "우리야말로, 의심할 것 없이, 세계 최고의 화가들이다."

 그리스인 화가들이 맞받아쳤다.

 "무슨 소리? 우리만큼 정교하게 보이는 대로 그려내는 화가는 없지!"

 술탄이 말했다.

 "좋다. 그러면 우리 한번 시험해보자. 여기 오래 쓰지 않아 낡은 방이 있다. 내가 이 방 가운데 휘장을 칠 테니 이쪽에서는 중국 화가들이, 저쪽에서는 그리스 화가들이 작품을 만들고 서로 견주어보기로 하자. 작품 제작 기간은 일주일. 어떤가?"

화가들이 동의했다.

중국 화가들은 술탄이 넉넉하게 대주는 물감으로 한 주일 내내 열심히 작품에 매달렸다.

그리스 화가들은?

그들도 왕실 창고에 가서 청소도구인 걸레, 비누, 숫돌, 물을 가져다가 한 주일 동안 바쁘고 행복하게 일했다.

마지막 날, 술탄이 심사를 하러 왔다. 중국 화가들이 북 치고 꽹과리 치며 그를 맞았다. 방에 들어선 술탄은 눈이 휘둥그레졌다. 너무나 화려하고 아름다운 그림이 한쪽 벽을 장식하고 있었기 때문이다.

술탄이 그리스 화가들 쪽으로 돌아서자 그들은 휘장을 걷어냈다. 그러자 한 주일 내내 열심히 닦아낸 한쪽 벽이 맑은 거울처럼 되어 중국 화가들의 그림을 비치고 있는데, 그림보다 더 황홀하게 보였다.

말은 나중에

 나무 그늘에서 낮잠을 달게 자던 농부가 갑자기 깨어나 소리쳤다. 지나가던 나그네가 달려들면서 다짜고짜 몽둥이를 휘둘렀던 것이다.

 "어? 왜 이래요? 그만, 그만 때려요."

 그러나 매질은 계속되었다. 벌떡 일어나 항거했지만 소용없었다. 결국 매질을 피해 도망치다가 사과나무 아래에 이르렀다.

 "됐다!"

 나그네가 몽둥이를 던지고는 떨어져 있는 썩은 사과를 농부 입에 우겨넣으며 말했다.

 "먹어!"

 "이게 뭐야? 싫어요, 안 먹어!"

"안 돼. 먹어야 해!"

나그네가 우격다짐으로 사과를 입 안에 밀어 넣었다. 겨우 하나를 삼키자 곧 다른 사과가 입에 들어왔다.

"하나 더!"

"윽!"

"하나 더!"

"아이고, 나 죽네."

"어서 먹으라고!"

기진맥진한 농부 입에 나그네가 자꾸 사과를 우겨넣었다.

"제발 이러지 말아요. 내가 뭘 잘못했다고 이러는 거야?"

"안 돼! 먹어야 해!"

나그네가 몽둥이를 찾아 들어 매질을 계속했다.

불쌍한 농부는 거의 기절한 상태로 땅바닥에 엎어져 숨을 헐떡이다가 갑자기 사과들을 토하기 시작했다. 그런데, 꾸역꾸역 나오는 사과들 뒤를 이어 새까만 독사가 한 마리 밖으로 나오는 것 아닌가?

뱀을 보고 놀란 농부가 소리쳤다.

"아아, 당신이 내 목숨을 살렸군요!"

그러자 나그네가 빙그레 웃으며 말했다.
"우연히 지나다가 잠자고 있는 당신 입으로 뱀이 들어가는 걸 봤소. 당신을 깨워서 내가 본대로 점잖게 말해줬다면, 아마 당신은 겁에 질려 죽었을 것이오."

두 노예

왕이 노예 둘을 사서 쓸모가 있겠는지 알아보라고 장관에게 보냈다. 장관이 평가 보고서와 함께 두 노예를 왕에게 돌려보냈다.

왕은 과연 장관의 평가가 옳은지 몸소 알아보기로 했다.

첫 번째 노예를 불렀다.

그를 보고 왕은 기분이 좋아 중얼거렸다.

"음, 좀 더 씻고 다듬으면 괜찮은 재목이 되겠군!"

몇 마디 말을 나누자, 재치 있는 말솜씨가 더욱 마음에 들었다.

"헐값으로 잘 샀군!"

두 번째 노예가 불려나왔다.

왕은 그를 보자 저절로 상이 찡그러졌다. 이빨은 시커

멓게 썩었고 가까이 오자 몸에서 고약한 냄새가 났다.

"거기, 멀리 떨어져서 기다려라."

왕이 첫 번째 노예를 보고 말했다.

"너는 목욕탕으로 가거라. 가서 좋은 비누와 수건으로 몸을 깨끗이 씻어라."

그를 보낸 다음, 왕이 두 번째 노예에게 말했다.

"장관은 네가 훌륭한 비서감이라고 했다. 그런데 내 눈에는 몇 가지 흠이 있구나. 음, 물론 표피적인 것이지만. 나도 사람은 겉보다 속이 중요하다는 것쯤 알거든. 아무튼 장관은 네가 노예 백 명의 가치가 있다고 했어. 하지만 방금 목욕탕으로 보낸 네 동료가 너에 대해서 한 말이 걸리는구나. 그의 말이 옳다면 나는 지금 너의 위장술에 속고 있는 거야. 그는 말하기를, 너는 도둑이요 거짓말쟁이에다가 예의도 모르는 건달이라고 했다. 자, 무슨 할 말이 있느냐?"

"폐하, 저는 그를 매우 성실한 사람으로 알고 있습니다. 그는 남에게 악의를 품는 사람도 아니에요. 그가 저에 대하여 그렇게 말했다면, 제가 보지 못한 저의 모습을 본 것이겠지요. 예, 틀림없이 그럴 겁니다."

"좋다. 그렇다면 그는 보지 못하고 너는 볼 수 있는 그의 결함이 없더냐? 솔직히 말해보아라."

"폐하, 저는 그와 함께 일하는 것이 언제나 좋았습니다만, 굳이 물으시니 답해 올리겠습니다. 그에게 결함이 있다면 재치가 있고 다정하고 사람을 편하게 해주는 점이라 하겠어요. 무엇보다도 그의 가장 큰 결함은 너무 너그럽다는 겁니다."

"그래?"

"아, 또 다른 결함이 있어요! 일이 잘못되면 그는 언제나 자기 자신을 나무랍니다. 다른 사람에게는 늘 관대하고요."

"그 말이 정말이냐? 나를 속일 생각은 하지 마라. 곧 사실인지 알려질 테니까."

그때 첫 번째 노예가 목욕을 마치고 돌아왔다.

왕이 그에게 말했다.

"아주 신수가 훤해졌구나. 그런데, 방금 네 동료가 너에 대해서 한 말만 아니면 네 얼굴이 훨씬 더 빛나 보였을 것이다."

"폐하, 저 친구가 저에 대하여 뭐라고 말했습니까?"

"많은 말을 들었다만 되풀이하고 싶지 않다. 다만, 네가 두 얼굴을 가졌다고, 안과 밖이 다르다고, 겉으로는 온갖 병을 고쳐주는 사람처럼 보이지만 실은 온갖 병을 퍼뜨리는 자라고 했다."

그러자 그가 성이 머리끝까지 치밀어올라 소리를 질러 댔다.

"그럴 줄 알았습니다! 처음 만날 때부터 저놈이 거짓말쟁이에 입술이 더럽고 마음도 비뚤어진 사기꾼임을 알았지요!"

그러자 왕이 손가락을 그의 입술에 대고 말했다.

"그만 됐다, 됐어. 너희가 어떤 존재인지를 알아보기 위한 시험이었다. 자, 이제 네가 겉모습은 근사해보이지만 속은 썩을 만큼 썩었고 네 동료는 그와 반대임을 알았으니, 너는 저 멀리 내쫓고 네 동료는 가까이 불러 내 일을 돕도록 해야겠다."

개미가 아는 만큼

개미 A가 글을 쓰고 있는 펜을 피해 종종걸음을 치다가 다른 개미 B를 만났다.

개미 A가 B에게 말했다.

"얼마나 놀라운가? 저 펜이 온갖 모양을, 정원의 꽃처럼, 빚어내는 것을 너도 봤어야 하는 건데!"

개미 B가 말했다.

"온갖 모양을 빚어내는 건 펜이 아니라 작가의 '손가락'이라고! 펜은 그저 하나의 도구일 뿐이야. 네가 너무 흥분해서 그걸 보지 못했구나."

개미 C가 지나다가 말했다.

"남의 말을 엿들어서 미안하다만, 나도 한마디 하자. 그 '손가락'이라는 게 말이다, 그게 '팔'이 없으면 아무것도 아니거든. 그러니까 온갖 모양을 빚어내는 건 '손가락'이 아니라 '팔'이라고!"

개미 D가 말했다.

"아니야, 모두 틀렸어. 실은……."

그대는 이 토론이 어떻게 이어졌는지 잘 알 것이다. 결국, 살 만큼 살아서 모르는 것이 없는 늙은 왕개미 귀에까지 들어갔고, 그가 말했다.

"그 모든 것들―펜, 손가락, 팔, 어깨 등―너머에 작가의 마음과 정신이 있다. 너희는 몸에 걸친 옷에 대해서 말했을 뿐이야."

아, 그대! 펜이 써놓은 것을 지금 읽고 있는 그대!
그대는 이 개미들보다 얼마나 더 알고 있는지?

사랑 노래

 망설이던 끝에 한 남자가 멀리서 흠모하던 여인을 찾아갔다. 가서 무엇을 했던가? 길게 쓴 편지를 읽기 시작했다. 편지에는 여인에 대한 찬사와 그리운 사람을 만나지 못한 자의 슬픔과 아픔이 담겨있었다.
 여인이 금방 지루해져서 말했다.
 "지금 뭘 하고 있는 거예요? 여기 내가 당신 곁에 있는데 내게 보내는 편지만 읽고 있으니, 당신 나를 사랑하는 거 맞아요?"
 그가 한숨을 쉬었다.
 "내 마음을 모르시는구려. 나는 당신의 향기로운 샘물을 음미하고 싶은 겁니다. 그 부드러운 맛과 감미로운 촉감……."

여인이 소리 질렀다.
"관둬요! 당신은 나를 사랑하는 게 아니라 당신 사랑을 사랑하고 있는 거예요. 현금을 든 내 곁에서 은행 잔고를 찬미하다니!"

거창한 터번

한 성자가 거창한 터번을 손수 만들었다. 다른 누구의 것보다 큰 터번 거죽을 비싼 금박으로 호화롭게 장식했다. 하지만 속은 무명 넝마로 대충 때웠다. 그런데 이 사실은 본인만 알고 아무도 몰랐다. 그는 터번을 쓰고 날마다 거리를 활보했다.

하루는 거리에서 강도가 덤벼들어 그를 때려눕히고 터번을 빼앗아 달아났다.

성자가 따라가며 소리쳤다.

"자네가 원한다면 터번을 가져도 좋아! 하지만 먼저 그 속을 들여다보게. 그래도 가지고 싶다면, 좋아, 가지라고!"

강도가 걸음을 멈추고 터번 안을 들여다보니 지저분한

넝마 조각이 잔뜩 들어있는 게 아닌가?

"뭐야? 이 늙은 사기꾼 같으니! 괜히 헛수고 했잖아?"

"사기야 우리 둘이 다 쳤지."

성자가 한숨을 쉬며 말했다.

"그러나 보시게. 진실이 우리 둘에게 각자 교훈을 주지 않았나?"

라일리와 칼리프

"오, 그대가 라일리인가?"

칼리프가 말했다.

"그대가 내 친구 마즈눈으로 하여금 사랑에 빠져서 정신을 잃게 만든 그 미모의 라일리라고? 이해할 수 없군. 내 눈에는 다른 여자들과 별로 다를 바 없는 평범한 용모인데?"

라일리가 대꾸했다.

"하지만, 당신은 마즈눈이 아니잖아요?"

9

겸손한 자의 지혜

장난감 말을 탄 성자

나그네가 마을 사람들에게 말했다.
"고민거리가 생겼어요. 이 마을에 상의할 만한 사람이 있을까요?"
사람들이 말했다.
"저기, 저 노인이 우리 마을에서 가장 지혜로운 성자요."
그들이 손으로 가리킨 곳에, 장난감 말을 타고 아이들에 에워싸여 소리치며 놀고 있는 노인이 보였다.
"저 늙은이와 상의하라고요?"
"가서 만나보시오."
나그네가 노인에게 다가갔다.
"어르신, 고민이 있는데 도와주시겠습니까?"

노인이 장난감 말을 타고 거리를 달리며 소리쳤다.

"비켜! 우리 집 문은 잠겼으니 두드리지 말라고."

"어르신! 어르신! 제발 잠깐 내 말 좀 들어보시오."

"뭔가? 무슨 문제야? 빨리 말해보게. 내 말이 지쳤어. 게다가 성질이 고약해서 자칫하면 뒷발에 차일 수 있으니 조심하게."

"내가 결혼을 해야겠는데요, 이 마을에서 아냇감을 찾는다면 어떤 여자가 나한테 잘 어울릴까요?"

"이 마을이든 다른 어디든, 세상엔 세 종류의 아냇감이 있네. 첫 번째 종류와 결혼하면 그 여자는 온전히 자네 아내가 되고, 두 번째 종류와 결혼하면 반만 자네 아내가 되고, 세 번째 종류와 결혼하면 절대 자네 아내가 될 수 없지. 됐나? 자, 이만 가보게. 내 말에 차이지 않도록 조심하고!"

말을 마친 노인이 다시 아이들하고 어울리려는데 나그네가 소리쳤다.

"그렇게만 말하고 그냥 가시면 어떡합니까? 설명을 해주셔야지요."

노인이 장난감 말을 타고 돌아서서 말했다.

"처녀하고 결혼하면 그 처녀가 온전히 자네 아내가 되

어 자네를 기쁘게 할 걸세. 반만 아내가 될 여인이란 자식 없는 과부고, 절대로 아내가 되지 않을 여인이란 자식 있는 과부라네. 그 마음을 살아있는 자식과 죽은 남편이 차지하고 있는데 어찌 자네 몫이 있겠는가?"

이렇게 말하고 돌아서는 노인에게 나그네가 급히 물었다.

"하나 더 물어봅시다. 어르신처럼 지혜롭고 아는 게 많은 분이 어째서 이렇게 철부지 아이들과 어울려 놀고 있는 겁니까?"

노인이 한숨을 쉬며 다가와 귓속말로 속삭였다.

"이 마을 바보들이 나를 촌장으로 삼겠다고 저러지 뭔가? 촌장이라는 게 사람 미치게 하는 자리거든. 그래서 사양을 했지만 막무가내로 내가 꼭 촌장이 되어야 한다는 거라. 그래서 이렇게 미치지 않으려고 미친 짓을 하고 있다네."

신의 거울

터키인이 무함마드를 보고 말했다.
"참 못생긴 사람이군!"
무함마드가 말했다.
"맞아요, 잘 보았소."
얼마 뒤, 인도인이 무함마드를 보고 말했다.
"아, 온 세상을 비추는 저 아름다운 태양!"
무함마드가 말했다.
"친구여, 잘 보았소. 그대 말이 맞소."
무함마드를 따르던 자들이 물었다.
"주님, 어째서 영판 다르게 보는 두 사람을 모두 옳다고 하십니까?"
무함마드가 대답했다.

"나는 하느님 손으로 맑게 닦여진 거울이라네. 저 두 사람은 내게 와서 각자 제 모습을 본 것이지."

세 번째 계단

우드만이 칼리프가 되었을 때, 설교하러 강단에 올라서야 할 순간이 닥쳤다. 그런데 그가 서야 할 강단은 예언자 무함마드가 쓰던 바로 그 강단이었다. 사람들은 그 강단을 신성한 것으로 여겼다.

우드만의 선배 칼리프들은 사람들의 마음을 잘 읽었다. 예컨대, 우마르는 강단의 첫 번째 계단에 서서 그 위로는 올라가지 않았다. 아부 바끄르는 한 계단 더 올라섰지만 세 번째 계단에는 발을 올리지 않았다. 그렇게 해서 무함마드에 대한 예절을 지켰던 것이다.

사람들은 바야흐로 우드만이 어떻게 할는지를 지켜보게 되었다.

그는 강단 첫 번째 계단, 두 번째 계단을 차례로 밟아

드디어 마지막 세 번째 계단에 올라섰다.

모두 숨을 죽이고 바라보는데, 한 사람이 참지 못하고 시비를 걸었다.

"어쩌자고 감히 예언자님 자리에 오른단 말이오? 우마르도 아부 바끄르도 당신만 못하다는 겁니까?"

우드만이 대답했다.

"난 속으로 생각했네. 내가 첫 번째 계단에 서면 사람들이, 저 사람 우마르처럼 되고 싶은가보다고 말할 것이다. 두 번째 계단에 서면, 저 사람 아부 바끄르처럼 되고 싶은가보다고 생각하겠지. 하지만 세 번째 계단에 서면 아무도 뭐라고 하지 않을 것이다. 왜냐하면 설마 저 사람 예언자처럼 되고 싶은가보다고 생각할 사람은 없을 테니까!"

10

드러난 사기

아야즈와 진주알

하루는 왕이 고관들을 불러 모으고 커다란 진주알을 보여주었다. 아름다운 색깔을 뽐내는 진주알에 모두들 눈이 휘둥그레졌다.

왕이 한 장관에게 진주알을 주고 물었다.

"자, 그대 생각에 이 진주 값이 얼마나 되겠소?"

"나귀 백 마리가 질 만큼의 금보다 더 값지겠습니다."

"그걸 깨뜨리시오."

"전하!"

어리둥절한 그에게 왕이 다시 명을 내렸다.

"산산조각 내시오."

"제가 어찌 그럴 수 있겠습니까? 더구나 전하의 보물 창고를 맡은 신하로서 어떻게 이 귀한 보물을 깨뜨릴 수 있겠어요?"

"말 잘했소."

왕이 칭찬하며 그에게 옷을 하사했다.

그런 다음, 수상에게 진주를 건네며 물었다.

"그걸 시장에 내면 얼마나 받겠소?"

"전하. 이 나라의 절반 값은 되겠습니다."

왕이 명했다.

"깨뜨리시오."

수상이 애원했다.

"제가 어찌 그럴 수 있겠습니까? 값도 값이지만, 이 영롱한 색깔을 보십시오. 세상에 누가 이런 아름다움을 깨뜨린단 말입니까?"

"말 잘했소."

왕이 칭찬하며 수상에게 고급 옷을 하사하고 봉급에 보너스를 잔뜩 얹어주었다.

하루 종일 왕은 같은 짓을 수십 명 고관들에게 되풀이했다. 그럴 때마다 고관들은 왕의 명령에 따르기를 거부했고 그래서 상을 받았다.

끝으로, 진주알이 아야즈 손에 넘어갔다.

"말해보아라. 그 값이 얼마나 되겠느냐?"

"이처럼 귀한 보물 값을 어찌 매길 수 있겠습니까?"
"깨뜨려라!"

아야즈가 진주를 돌 위에 올려놓더니 눈 깜빡할 사이에 가루로 만들었다. 고관들이 소리를 지르며 아깝다고 난리가 났다. 소동이 가라앉자, 아야즈가 말했다.

"여러분, 과연 어느 것이 더 값집니까? 말해보시오. 당신들이 거역한 왕명이오? 아니면 내가 방금 깨뜨린 색깔 있는 돌멩이요?"

콧수염의 허풍

그는 가난했다. 그래서 사람들이 그를 자주 무시했다. 하지만 그럴수록 그는 허풍을 떨었다.

"이 콧수염을 보게. 윤기가 흐르지 않나? 간밤 파티에서 기름진 음식을 잔뜩 먹었거든! 흠, 이 입술도 좀 보라고. 역시 기름기가 반들반들 흐르지?"

그의 아랫배가 불평을 늘어놓았다.

"아이고, 저 거짓말! 저놈의 콧수염 모두 없어졌으면 좋겠다. 저렇게 허풍을 떠는 바람에 나는 이렇게 텅 비어 죽을 지경 아닌가? 저 입술이 허풍만 떨지 않으면 사람들이 내 속을 채워줄 수 있을 텐데."

어느 날, 아랫배의 불만을 가난뱅이 아들이 채워주었다. 그가 창백한 얼굴로 아버지에게 달려왔던 것이다.

"아버지! 큰일 났어요. 고양이가 물어갔다고요."

"뭐를 물어갔느냐?"

"난 잘못 없어요. 빼앗으려고 했지만 어찌나 빠른지 잡을 수 없었다고요."

"글쎄, 뭐를 물어갔느냔 말이다."

"양 꼬리요. 아버지가 날마다 콧수염과 입술에 기름 바를 때 쓰는 양 꼬리 있잖아요?"

이 말에 모두 웃음을 터뜨렸고, 그는 얼굴이 빨개졌다.

하지만, 진상을 알게 된 마을 사람들이 그를 불쌍히 여겨 저녁 식사에 초대하였고, 덕분에 그의 아랫배가 불룩해졌다. 그 뒤로는 더 이상 허풍을 떨지 않는 그에게 마을 사람들이 계속 먹을 것을 나누어주었다.

도시 사람과 시골 사람

 친절한 도시 사람이 있었다. 시골 사는 친구가 도시에 올 때면 늘 그의 집에 묵었다.
 "내 집이 곧 자네 집일세."
 도시 사람은 이렇게 말하며 기름진 음식과 편한 잠자리를 내주었다.
 시골 사람이 말했다.
 "언제 한번 시골에 오지 않겠나? 내가 이 빚을 갚아야 하겠어. 축제 때 오라고. 봄철의 아름다운 시골 풍경에 반하게 될 걸세. 열매들이 익는 가을에 와도 좋지. 혼자 오지 말고 식구들에 친척들까지 데리고 오게. 언제 오려나?"
 도시 사람은 이런저런 핑계로 시골 여행을 미루었다.

"손님들이 늘 찾아와서 집을 비우기가 어렵네. 글쎄, 내년쯤이면 좀 여유가 생길는지."

그렇게 세월이 흘렀다.

하루는 도시에 석 달쯤 머물던 시골 사람이 간청을 했다.

"우리 집 식구들도 모두 자네 가족을 보고 싶어 한다네. 언제까지 미룰 참인가? 나만 이렇게 후한 대접을 받으니 민망하구먼."

그러자 도시 사람의 아내와 아이들도 졸랐다.

"밤하늘 달도 여행을 하는데 우린 언제나 한곳에 머물러 있잖아요. 시골에서 축제를 지내면 얼마나 좋겠어요? 당신 시골 친구에게도 빚 갚을 기회를 주고 말이에요. 저렇게 간청하는데, 우리 한번 시골에 가봅시다."

마침내 친구와 식구들의 청을 받아들여 도시 사람이 시골에서 축제를 보내기로 결심했다. 온 집안이 기대에 들떠 술렁거렸다.

"얼마나 재미있을까?"

"달콤한 열매의 맛!"

"드넓은 벌판!"

"시원한 과수원 그늘!"

"밤하늘 달처럼 우리도 여행을 하는구나. 와, 신난다!"

그들은 시골 가는 길에서도 줄곧 노래하고 춤추고 떠들어댔다.

그런데 그것은 예상보다 오래 걸리는 길이었다. 가도 가도 시골 사람 사는 마을은 나타나지 않았다. 그래도 그들은 지치지 않고 이 마을에서 저 마을로 여행을 계속했고, 결국 한 달이나 걸려 목적지에 이르렀다.

이제 그들은 형편이 말이 아니었다. 길에서 먹을 것을 구하느라고 짐승들을 모두 팔았고 옷도 신발도 누더기가 되었다.

이윽고 시골 사람 집을 찾은 그들은 급히 문을 두드렸다. 그러나 멀리 그들의 모습이 나타났을 때 쾅 하고 닫힌 문은 좀처럼 열리지 않았다.

닷새 동안이나 낮에는 땡볕에 시달리고 밤에는 추위에 떨면서 문을 두드렸지만, 안에서는 아무 기척도 들리지 않았다. 그러다가 엿새째 되는 날, 문이 열리며 시골 사람이 나타났다. 도시 사람이 반가워서 소리쳐 불렀다.

"친구! 날세, 나야! 날 모르겠나? 자네가 도시에 올 때면 늘 우리 집에 묵었잖아? 자네 초대를 받고 이렇게 왔네."

시골 사람이 말했다.

"무슨 소릴 하는 거요? 보아하니, 거지 아니면 변장한 임금 같은데, 난 당신을 본 적도 없고 들은 적도 없소. 그러니 당장 꺼져요!"

"하지만, 지난 여러 해 동안 자네는······."

"재수 나쁘게!"

시골 사람이 벌컥 화를 내더니 문을 닫고 집안으로 들어갔다.

그날 밤을 비바람 속에서 떨며 보낸 도시 사람이 애걸복걸하여 시골 사람을 다시 문간에서 만났다.

"제발, 내가 어제 한 말은 모두 잊어주시오. 맞아요, 당신은 우리에게 빚진 게 하나도 없어요. 하지만 우리는 지난 며칠 동안 이 집 문간에서 지냈는데 세월이 몇 년은 지난 것 같군요. 어디 비바람 피할 헛간이라도 없을까요?"

"좋소. 저기 과수원 끝자락에 헛간이 있는데 과수원지기가 살던 곳이오. 마침 그가 떠나고 없으니 원한다면 그 일을 맡기겠소. 헛간에 활이 있으니 그것으로 늑대를 쫓아버리면 돼요. 싫으면 관두고 떠나든지."

"아니, 하겠습니다! 하겠어요."

그리하여 도시 사람과 그 가족은 헛간으로 갔다. 방이 좁아서 움직일 틈조차 없었다. 모두들 집을 떠나는 게 아닌데 괜히 떠났다면서 울고불고 난리였다.

하지만 그나마 없는 것보단 나았고, 과수원을 잘 지키지 않으면 헛간마저 쫓겨날 것이 두려워서, 도시 사람은 활을 들고 망을 보았다.

그때 어둠 속에서 뭔가 다가오는 게 보였다. 짐승 같았다. 그가 활을 힘껏 쏘자, 짐승 비명소리가 들렸다. 여우도 늑대도 아닌 나귀 소리였다.

나귀의 비명소리를 듣고 시골 사람이 달려왔다.

"이 바보 녀석아! 나귀를 쏘면 어떡해?"

"하지만 난 그게 늑대인 줄 알았소."

"저건 늑대가 아니라 우리 집 소중한 재산인 나귀라고!"

"이렇게 캄캄한 밤중에 나귀인지 늑대인지를 어떻게 알지요? 함께 가봅시다."

"가볼 필요 없어! 아무리 캄캄한 그믐밤이라도 나귀 소리쯤 못 알아듣는 내가 아니야."

도시 사람이 더 못 참고 그에게 덤벼들었다.

"이 위선자야! 밤중에 나귀 소리는 알아들으면서 지난 십 년 동안 신세졌던 집 주인 음성은 못 알아듣는단 말이냐?"

하느님의 종

"드디어 잡았다! 네놈이었구나?"

과수원 임자가 나무 위를 올려다보며 소리쳤다. 오랫동안 잡으려고 애쓰던 도둑을 대추야자나무 위에서 발견한 것이다.

"그동안 네가 한 짓을 톡톡히 갚아주마."

도둑이 나무 위에서 말했다.

"내 몸에 손대지 마시오. 난 하느님을 섬기는 사람이오. 모든 것이 하느님 것이라고 믿는 사람들 단체에 속한 몸이란 말이오."

과수원 임자가 몽둥이를 집어 들고 말했다.

"아, 그래?"

"그렇소. 이 대추야자 열매도 하느님 것이요 내 배도

하느님 것인데, 나는 이 둘이 만나도록 도와줘야 하는 하느님의 종이오."

이렇게 말하면서 도둑은 대추야자를 한 입 베어 물었다.

"교활한 놈!"

과수원 임자가 나무 위로 올라가 도둑의 발목을 잡고 끌어내렸다. 나무에서 떨어진 도둑을 나무에 묶어놓고 매질을 시작했다.

"살려줘요!"

애원하는 도둑에게 과수원 임자가 웃으며 말했다.

"이 몽둥이도 '철썩!' 하느님 것이고 네 등짝도 '철썩!' 하느님 것인데, 나로 말할 것 같으면, '철썩! 철썩!' 이 둘을 만나게 도와야 하는 하느님 종일 따름이다."

"제발 살려줘요. 잘못했습니다."

"살려달라고? 원금에 이자까지 받아야겠다!"

매질은 계속되었다.

11

손님 접대

고양이와 살코기

가난한 사람이 욕심쟁이 아내와 함께 살았다. 남편이 외출에서 돌아오면 먹을 것이 없는 경우가 잦았다. 아내가 집안에 있는 음식을 모두 먹어치웠기 때문이다.

하루는 남편이 밖에서 고기와 술을 가지고 집에 왔다.

"오늘 저녁에 손님이 오기로 되었소. 이것으로 음식을 장만하시오."

남편이 손님을 데리러 나간 사이에 아내가 요리를 시작했다. 고기 굽는 냄새가 집안을 가득 채웠다. 아내는 참을 수가 없어서 고기를 한 점 두 점 입에 넣었다. 그러다보니 어느새 고기가 모두 사라졌다. 아울러 술도 사라졌다.

저녁에 남편이 손님을 데리고 돌아왔다.

"음식은 준비되었소?"

아내가 대답했다.

"가서 고기를 더 사와요."

"고기를 더 사오라고? 아까 준 고기는 어떻게 됐소?"

"고양이가 모두 먹어버렸어요."

"믿을 수 없군."

"정말이오."

남편이 고양이를 잡아 저울에 올려놓고 탄식했다.

"고양이 몸무게가 한 관인데 내가 사다준 고기도 한 관이니, 이것이 고양이면 고기는 어디 있고, 이것이 고기라면 고양이는 어디 있단 말인가!"

나귀와 하인

뜨내기 수피가 수도원에 들러 하룻밤 묵게 되었다. 수피는 나귀를 마구간으로 데려가 그곳에서 일하는 하인에게 맡기고 수도승들과 어울렸다.

기도 시간이 끝나고 저녁을 먹는데, 하인이 식탁에 앉아있는 것을 본 수피가 하인에게 나귀 안부를 물었다.

하인이 대답했다.

"염려 마십시오."

"짚은 푹신하게 깔아주고 보리도 질 좋은 것을 주었겠지?"

"아이고 하느님!"

하인이 속으로 투덜거렸다.

"내가 지난 몇 년 동안 마구간에서 일한 사람인데 나귀한 마리 건사 못할 줄 아는 건가?"

그래도 수피는 마음이 놓이지 않았다.

"그놈이 늙어서 이빨이 부실하다네. 보리를 주기 전에 물에 좀 불려서 줄 수 있겠나?"

"아이고 하느님!"

하인이 뒤틀리는 속을 감추고 말했다.

"제가 그런 것도 모르고 마른 보리를 나귀에게 먹일 것 같습니까?"

"나귀 등에서 안장을 벗기고 등에 기름도 발라주었겠지?"

"아이고 하느님! 여기는 수많은 나그네들이 자고 가는 수도원입니다. 사람이고 짐승이고 탈 없이 있다가 간다고요."

"물을 줄 땐 약간 데워서 주되 너무 많이 주면 안 되네."

"아이고 하느님! 그런데 이건 좀……."

"아, 그리고 하나 더 있어! 보리를 줄 땐 짚을 너무 많이 섞지 말게. 알았나?"

"아이고 하느님!"

"물론 마구간 바닥엔 돌이나 오물이 없겠지? 바닥이

너무 축축하면 마른 짚을 깔아줘야 하네."

"아이고—"

"그리고 참, 빗질을 해주는 것도 잊지 말게. 녀석이 빗질을 아주 좋아하거든."

"—하느님! 말씀 다하셨습니까? 나도 내가 할 일이 어떤 건지 잘 알고 있다고요!"

하인이 화가 나서 일어나 가버렸다.

하지만 그는 큰소리친 것과 달리 게으르기 짝이 없는 건달이었다. 그길로 마구간 대신 친구들에게 가서 밤새도록 놀았다.

한편 수피는 고단하여 곧 잠이 들긴 했지만 악몽으로 계속 시달렸다. 불쌍한 나귀에 대한 꿈이었다.

처음엔 늑대의 공격을 받아 피투성이가 된 나귀 꿈을 꾸었다. 수피는 깜짝 놀라서 잠을 깨었다. 잠시 정신을 차리고 한숨을 쉰 다음 속으로 말했다.

"음, 괜찮을 거야. 마구간 하인이 제법 일할 줄 아는 것 같았어."

다시 잠들었는데 이번에는 나귀가 우물에 빠져 허우적거리는 꿈을 꾸었다. 수피가 잠에서 깨어나 중얼거렸다.

"아, 이 일을 어쩐담? 지금쯤 하인이 잠들어있을 텐데.

내가 직접 가볼까? 아니야, 문도 잠겨있을걸? 음, 하인이 잘 간수했겠지. 그래, 틀림없어. 잘 돌봤을 거야."

하지만 실제로 나귀는 우물에서 멀리 떨어진 곳에 혼자 있었다. 돌멩이와 오물이 뒹구는 더러운 바닥에서 보리는커녕 밀짚도 구경 못한 채 밤새도록 굶어 지칠 대로 지쳐 있었다.

새벽이 되어 하인이 나귀에 안장을 얹고는 발로 걸어 차면서 기다리고 있는 주인에게로 왔다.

수피가 작별인사를 하고 나귀 등에 올라탔다. 그러나 나귀는 몇 발짝 걷지 못하고 바닥에 주저앉았다.

"어떻게 된 겁니까?"

수도승들이 물었다. 수피는 급히 나귀 등에서 내려 자세히 살펴보고, 나귀가 간밤에 어떤 대접을 받았는지 알게 되었다.

그가 하인을 가리키며 말했다.

"아아, 자네가 밤새도록 '아이고 하느님'을 찾은 덕분에 내 나귀가 무릎 꿇는 것으로 하루 일과를 시작하는군!"

만일이라는 집

어떤 사람이 친구와 함께 낯선 마을에 도착하여 거기 들어가서 살 만한 집이 있는지 알아보기로 했다.

그의 친구가 무너진 폐가를 가리키며 말했다.

"저 집을 보게. 만일 저 집에 지붕이 있다면 꽤 근사하겠지? 그리고 그 지붕 아래 방이 하나 더 있다면 내가 들어가서 자네와 함께 살 수도 있을 텐데."

그가 대꾸했다.

"참 좋은 생각일세. 만일 우리가 '만일' 안에 들어가서 살 수만 있다면!"

손님의 환영(幻影)

 손님이 도착한 것은 늦은 저녁이었다. 그래도 주인은 그를 반갑게 맞아들였다. 오랜 친구인 데다가 그동안 밀린 이야기도 많았던 것이다.

 하지만 그의 아내는 달랐다.

 그날 밤 조금 떨어진 곳에 잔치가 있는데 거기 가볼 참이었던 것이다. 남편이 눈치를 채고, 자기는 친구와 함께 집에 있을 테니 잔치에 다녀오라고 아내에게 말했다.

 아내가 떠나기 전에 남편에게 일렀다.

 "우리 침대를 문간에 두고 손님은 방 안쪽 구석 침대에 재워요."

 밤늦도록 두 사람은 과일과 술을 들면서 행복한 시간을 보냈다. 이윽고 손님이 하품을 하며 이제 잠을 잤으면 좋겠다고 말했다. 그러고는 곧장 문간 침대로 걸어갔다.

주인이, 거긴 당신 침대가 아니라고, 저기 안쪽 침대에서 자라고 말하려 했지만, 머뭇거리는 사이에 벌써 손님은 옷을 벗고 침대에 들어가 코를 골기 시작했다.

그날 밤, 비가 많이 왔다. 이른 새벽에 아내가 흠뻑 젖은 몸으로 돌아왔다. 그녀는 자는 사람들을 깨우지 않으려고 불도 켜지 않고 더듬더듬 문간 침대로 들어가서 손님을 껴안고 입을 맞추며 속삭였다.

"여보, 큰일 났어요! 밤에 비가 너무 많이 와서 길이 엉망진창이 됐다고요. 날이 새어도 여행하긴 어려울 거야. 그러니 저 손님이 며칠이고 우리 집에 머물러야 한다는 얘긴데, 이 무슨 재앙이에요? 아, 생각만 해도 끔찍해!"

그러자 손님이 벌떡 일어나 큰 소리로 말했다.

"됐소! 알았다고! 내 구두 어디 있지? 길이 질어서 곤죽이든 말든, 난 갑니다! 흥, 어디 잘들 살아보시오!"

손님은 그 길로 가버렸고, 두 내외는 두고두고 부끄러웠다. 환영받지 못한 손님의 환영(幻影)이 오래도록 그들을 따라다녔던 것이다.

역자 후기

아서 솔리의 '사아디 우화'에 이어서 '루미 우화'를 옮기게 되어 고맙고 흐뭇합니다.
루미를 읽게 된 것은 저의 숙명이자 하늘의 은총입니다.

그가 시공을 뛰어넘는 지혜와 궁극의 깨달음으로 과연 인류의 스승 대접을 받을 만한 존재임은 유네스코에서 그의 탄생 800주년을 맞아 2007년을 '세계 루미의 해'로 정한 사실이 증명한다고 하겠습니다.

날마다 원치 않는 고약한 소식들이 신문과 방송을 어지럽히고 있는 이때에, 한 위대한 신비주의 수피 시인의 지혜와 교훈이 여러분의 일상생활을 좀 더 기름지고 여유롭게 해드릴 수 있다면 옮긴이로서 더 바랄 것이 없겠습니다.

....

 번역을 마치기로 약속한 기한을 넘기면서 늑장을 부린 저의 게으름을 참고 기다려준 '아침이슬'에 감사드립니다.

2010년 정월

觀玉 이현주

루미 Jalal ad-din Muhammad Rumi(1207~1273)

이슬람 최고의 신비주의 시인이며 마울라위 수피 교단의 창시자. 페르시아의 발흐에서 태어나 바그다드·메카 등지를 떠돌며 순례하다 지금의 터키인 코니아에 정착했다. (루미라는 이름은 소아시아를 가리키는 '룸'에서 온 것이다. 코니아에서는 매년 12월 7일부터 17일까지 영성을 고양시키는 명상을 가리키는 '세마'를 중심으로 그를 기리는 행사가 열린다.) 1244년 샴스 앗-딘에게 사사하였고, 뛰어난 종교인이자 학자로서 이슬람 신비주의 사상을 펼치는 한편 신과의 사랑의 기쁨을 노래한 시를 지어 오늘날 페르시아 문학을 대표하는 시인으로 추앙받고 있다.

모두 6권으로 된 방대한 분량의 대서사시 『영적인 마스나위』는 이슬람 신비주의 사상과 시 문학은 물론 중세 문학과 사상에도 많은 영향을 끼침으로써 오늘날 '신비주의의 바이블', '페르시아어로 된 코란'이라는 명성을 얻어 이슬람 문학 작품 가운데 가장 많은 영역본을 가지고 있다. (유럽과 미국에서 그의 이름을 딴 재단이 100개가 넘는다.)

루미의 우주적이고 모든 것을 포용하는 사랑의 메시지 안에서 누구나 자신을 발견할 수 있기 때문에 세계적으로 다시 루미의 붐이 불고 있으며, 유네스코는 2007년을 '세계 루미의 해'로 지정하였다.

이현주

1944년 충주에서 태어났다. 감리교신학대학교를 졸업하고, 1964년 「조선일보」 신춘문예에 '밤비'로 등단했다. 목사이자 동화 작가, 번역 문학가로서 동서양을 아우르는 글들을 집필하는 한편, 대학과 교회 등에서 강의도 하고 있다. 동화집 『알게 뭐야』 『살구꽃 이야기』 『날개 달린 아저씨』 등과 『예수를 만난 사람들』 『이아무개의 장자 산책』 『길에서 주운 생각들』 『보는 것마다 당신』 『이현주 목사의 꿈 일기』 등을 썼으며, 『단순하게 살기』 『사아디의 우화 정원』 『예언자들』 『배움의 도』 『바가바드기타』 등을 우리말로 옮겼다.

태어날 때 이미 모든 것을 받았으니 이제 우리가 할 일은 도로 내어드리는 것밖에 없다는 '드림정신'을 제안하고, 주식회사(主式會社) '드림'을 설립해 인터넷 카페와 건물 없는 교회인 '드림실험교회'를 통해 여러 사람들과 드림정신을 실천하고 있다.

이슬람 신비주의 시인
루미의 우화 모음집

첫판 1쇄 펴낸날 | 2010년 3월 10일
첫판 2쇄 찍은날 | 2016년 9월 1일

지은이 | 루미
엮은이 | 잭 콘필드
옮긴이 | 이현주
펴낸이 | 박성규

펴낸곳 | 도서출판 아침이슬
등록 | 1999년 1월 9일(제10-1699호)
주소 | 서울 은평구 불광로11길 7-7(201호)(03353)
전화 | 02) 332-6106
팩스 | 02) 322-1740
이메일 | 21cmdew@hanmail.net

ISBN 978-89-6429-100-9 (03890)

* 책값은 뒤표지에 있습니다.